TODO
LO QUE NECESITAS
SABER SOBRE
NARCOTRÁFICO

Cecilia González

TODO
LO QUE NECESITAS
SABER SOBRE
NARCOTRÁFICO

Ⓟ PAIDÓS

Obra editada en colaboración con Editorial Paidós SAICF - Argentina

Diseño de portada: Gustavo Macri

Primera edición impresa en Argentina: marzo de 2015
ISBN: 978-950-12-0207-6

Primera edición impresa en México: julio de 2015
ISBN: 978-607-747-009-0

Impreso en los talleres de Litográfica Ingramex, S.A. de C.V.
Centeno núm. 162-1, colonia Granjas Esmeralda, México, D.F.
Impreso en México – *Printed in Mexico*

A Florita, siempre.
A Juana, porque su sonrisa es una esperanza.

Índice

Agradecimientos

Me gusta pensar y ejercer el periodismo con la convicción de que es un trabajo colectivo que comparto con amigos y colegas con los que puedo tejer redes, como Héctor Pavón, a quien un buen día se le ocurrió que yo podría escribir este libro y me presentó a Vanesa Hernández, una de esas editoras que, con su generosidad, de inmediato inspiran confianza. Parece que tengo suerte para encontrarlas.

El estrés llegó apenas acepté la propuesta, pero, gracias a mi querida Albertina, el sol brasileño me inyectó la energía que necesitaba para estudiar libros y documentos y, sobre todo, para comenzar a escribir.

Después busqué y encontré, como siempre, la complicidad para revisar, comentar o corregir mis textos, tarea a la que se abocaron, con su mirada atenta y desde distintas latitudes, Mónica Valdés, Cynthia Rodríguez, Marcela Turati y Paul Caballero. La decisiva revisión final se la debo a Gustavo Sales, mi primer y querido lector. Ya es una tradición.

En esta red también están los amigos que, con infinita paciencia, me escucharon hablar una y otra vez sobre este libro. Y los compañeros de oficio que, desde distintos medios demuestran de manera cotidiana que el periodismo serio y comprometido es posible.

Prólogo

Una vez me preguntaron en un programa de televisión mi opinión sobre cómo se abordaba mediáticamente el tema del narcotráfico.

"Con prejuicios, ignorancia y amarillismo", dije, sin asomo de diplomacia. Ni siquiera pensé la respuesta. Eran días en los que estaba asustada por la manera en que algunos periodistas, sobre todo en los medios de mayor influencia, distorsionan, manipulan, inventan y priorizan el espectáculo sobre la información, sin importar el tema del que se trate.

En el caso del narcotráfico, el gran problema es que abunda la estigmatización y faltan los datos y el análisis serio y sereno. Por eso, cuando me propusieron escribir este libro, me alegré y me esperanzó la posibilidad de aportar material para una discusión prioritaria, pues debemos alejarnos de tabúes para preguntarnos qué son las drogas; desde cuándo, por qué y en dónde se producen y se consumen; por qué y en qué contexto histórico se prohibieron; por qué el tabaco y el alcohol se legalizaron; quiénes y cómo trafican; cómo forjaron su leyenda los jefes y jefas narco; qué es la narcocultura; cómo se establecen los precios de las drogas; de qué manera impacta este negocio en la economía mundial; cuándo y cómo se vincularon el narco y la política, cuál es el panorama actual y qué opciones hay para el futuro.

Son apenas elementos para un debate crucial que se reforzará durante los próximos años, porque estamos en una época en la que, de a poco, se está quebrando el dique que durante décadas evitó toda modificación a las políticas globales en materia de drogas, pese al evidente fracaso de una guerra que no terminó con el consumo ni con la producción ni con los cárteles ni con los narcotraficantes. Uruguay ya dio el primer gran ejemplo con la legalización de la marihuana, la cual avanza también en Estados Unidos pese a las resistencias de los grupos conservadores que se niegan a reconocer que el prohibicionismo falló.

Basta una mirada pragmática para entender que se deben buscar nuevas alternativas a las medidas aplicadas en las últimas cuatro décadas, desde que Richard Nixon declaró la guerra a las drogas en Estados Unidos, un país que se ha manejado de manera contradictoria, al fiscalizar a los países productores sin asumir, con conciencia y autocrítica, que el problema pasa también por el consumo, por las toneladas de drogas que demandan sus ciudadanos, quienes integran el mayor mercado de estupefacientes del mundo. Ese país se ha adjudicado, también, el derecho de decidir cuándo es bueno negociar con narcotraficantes, en aras de sus intereses, y ha dejado impunes a sus funcionarios de alto nivel o banqueros involucrados en escándalos narco; impunidad que se ha replicado en países latinoamericanos asolados por la corrupción de funcionarios que aprovechan el lucrativo negocio del tráfico de drogas ilegales para enriquecerse, en una colaboración criminal que amenaza seriamente a la democracia.

Los informes oficiales sobre drogas de Naciones Unidas, de la Junta Internacional de Fiscalización de Estupefacientes (JIFE) y de la Drug Enforcement Administration (DEA; Administración para el Control de Drogas) nos cuentan cada año qué pasa con este negocio ilegal. Pero priva en ellos un análisis mercantilista, sin asomo de sensibilidad. Son documentos plagados de números y carentes de seres humanos. Reconocen que hay más drogas; que el mercado cambia, pero no desaparece; que, contrariamente a lo que se esperaba, los precios bajaron y las drogas se volvieron más accesibles; que se difuminó la división entre países productores y países consumidores, porque en unos ya se consume y en los otros también se produce.

Pese a las evidencias, los informes critican a los países que tratan de poner en marcha nuevas políticas para atender al adicto como un enfermo y dejar de condenarlo como un criminal. Nada dicen los documentos oficiales acerca de los gobiernos y sus irresponsables guerras contra las drogas, que han dejado más muertos que el propio consumo. O de la paradoja de que las sociedades con mayores niveles de bienestar sean, también, las que más demandan drogas legales e ilegales. En la visibilidad de las víctimas está la clave para reconocer la necesidad de diseñar nuevas estrategias en medio de un panorama que, hoy, parece desolador, pero que estamos obligados a teñir de esperanza.

Cecilia González

Capítulo 1
El negocio narco

• • • • • • • • • • • • • • • • •

01. Ganancias

Las ganancias del narcotráfico son imprecisas, por su naturaleza de negocio ilegal, de manera que los datos de este capítulo deben interpretarse solo como meras aproximaciones. Naciones Unidas arriesga el número más alto, 350.000 millones de dólares de ingresos al año, pero la cifra es cuestionada por investigadores que la reducen a la mitad. De cualquier manera, son cantidades estratosféricas que explican la fortaleza económica de organizaciones criminales que no están dispuestas a perder un apetitoso mercado estable de casi cuarenta millones de consumidores.

El tráfico de drogas representa el 0,9% del producto bruto interno (PBI) a nivel mundial y es el negocio ilegal que genera mayores beneficios económicos. En 2005, la Oficina de las Naciones Unidas contra la Droga y el Delito reveló que sus ganancias eran diez veces superiores a las de la segunda actividad criminal más rentable, el tráfico de personas, cuyos ingresos se habían calculado durante ese último año en 31.600 millones de dólares.

Los números son fríos. Son cantidades inimaginables de dinero para la mayoría de las personas. Pero hay que recordar que para amasar estas fortunas hace falta formar una larga cadena humana que va de los productores a los consumidores, a imagen y semejanza de cualquier otra empresa del mundo capitalista. O narcocapitalista, como define el periodista italiano Roberto Saviano.

El aumento del precio en cada etapa del negocio de las drogas se debe a que los involucrados enfrentan mayores riesgos, incluso el de perder la vida, además de que hay un gran número de intermediarios entre la producción y la venta final. La heroína, por ejemplo, cuesta ciento setenta veces más cuando está lista para su entrega al consumidor, que cuando comenzó a producirse en la cosecha de amapola. El legal grano de café, por el contrario, solo quintuplica su valor entre la cosecha y su venta minorista al público.

¿Sabías que... el 65% de las ganancias de los cárteles mexicanos y colombianos proviene de las drogas que venden a otros países?

La inequidad de ingresos es una marca del sistema económico predominante en el mundo. Y el mercado de drogas ilegales no podía ser la excepción. Por eso, los campesinos que cultivan plantas de coca en Bolivia, Perú o Colombia, o los que producen marihuana o amapola en México, se quedan con apenas el 1% de las ganancias. Son la parte más vulnerable de la cadena, los que menos provecho sacan del negocio. Un 15% va a parar a manos de intermediarios que ofrecen bienes y servicios, como los proveedores de las sustancias químicas necesarias para convertir la hoja de coca en cocaína, o las fuerzas de seguridad que cobran sobornos a cambio de protección. Los grupos criminales que operan en las zonas productoras obtienen una tajada del 15%, que se incrementa a un 19% para las organizaciones narco en las zonas consumidoras.

Hasta aquí, los porcentajes implican que la droga ya se produjo, se traficó y llegó a destino.

Ahora es cuando viene la mejor parte: la distribución y entrega en mano al consumidor final. Los revendedores que participan en esta etapa se quedan con el 50% de las ganancias que genera el mercado global de drogas. La Organización de los Estados Americanos (OEA) aumenta a un 66% el cálculo de beneficios en esta última fase.

El lucro es ascendente. Para que la cocaína pueda ser considerada como tal, tiene que atravesar, por lo menos, cuatro procesos químicos desde que es apenas un montón de hojas de coca. En cada una de esas etapas, su valor ya se incrementó. Al igual que la heroína, que requiere un mínimo de seis procesos desde que la resina se extrae de la amapola. El margen de ganancias crece de acuerdo con los obstáculos que vencen los preciados cargamentos. No obtienen lo mismo los narcotraficantes que venden en los países en donde se produce la droga que los que logran que atraviese puertos, aeropuertos y fronteras. A mayor riesgo, mayores ganancias. Por ejemplo, basta cruzar la frontera México-Estados

Unidos para que el precio de la cocaína se triplique.

Las ganancias varían de acuerdo con cada tipo de droga. La marihuana, según la ONU, devenga beneficios de 140.000 millones de dólares al año; la cocaína, de 70.000 millones; los opiáceos, de 64.000 millones, y las drogas sintéticas, de 44.000 millones. Las ganancias de la marihuana, aunque son mucho mayores, no impactan directamente en el bolsillo de las grandes organizaciones de narcotraficantes debido a la gran dispersión de esta droga, que puede ser cultivada incluso de manera casera. De ahí que el mercado de marihuana en México solamente represente entre el 15 y el 26% de los ingresos de los cárteles, que obtienen un margen mayor de ganancias con el tráfico de heroína, cocaína y drogas de diseño.

Según la OEA, las organizaciones criminales de México tienen entre sesenta y uno y seiscientos "empleados" en cada plaza, a los que les pagan salarios que duplican lo que ganan los trabajadores del sector formal y que representan seis veces más que el salario mínimo.

Un análisis por regiones demuestra que las ganancias del narcotráfico, como las de todos los mercados de bienes y servicios legales, se quedan en su mayoría en los países ricos: el 44% en Estados Unidos y el 33% en Europa.

Sacar estimaciones no es fácil, pero los organismos internacionales han establecido dos mecanismos para calcular dividendos de la producción de drogas.

Uno es el "enfoque de la oferta", que utiliza datos satelitales para deducir la producción de hoja de coca y amapola que servirá para procesar cocaína y heroína. Se estudia la frecuencia de las cosechas, el promedio del estimulante que hay en la hoja de coca y el opio, y la eficacia de los trabajos de erradicación. Se analiza la calidad de los productos químicos, la capacidad de los procesadores que convierten la hoja de coca y la amapola en cocaína y heroína, la cantidad de drogas decomisadas y la forma en que son distribuidas en los diferentes mercados. El cálculo sobre marihuana y drogas sintéticas es más complejo y no puede realizarse por medio de este esquema porque la naturaleza de su producción es muy diferente a la de la cocaína y la heroína. La

El periodista italiano Roberto Saviano hizo una comparación con el pujante mercado tecnológico para comprobar que la inversión más rentable del mundo es la producción de cocaína. En 2012, año en que salieron el iPhone 5 y el iPad Mini, las acciones de Apple, la empresa que los lanzó, subieron un 67% en la Bolsa. Si alguien hubiera invertido 1000 euros en acciones de Apple a principios de 2012, habría ganado 1670 euros doce meses después, lo que implica una ganancia extraordinaria. Pero si esa misma persona hubiera invertido 1000 euros en cocaína, habría tenido a fin de ese mismo año 182.000 euros. Esto es, cien veces más que invirtiendo en los títulos bursátiles de Apple, que fueron récord ese año.

marihuana se puede producir prácticamente en cualquier país, es una droga muy dispersa. Para analizar la oferta de anfetaminas se fiscalizan las cantidades de precursores químicos que circulan en el mundo, pero muchas de esas sustancias también se utilizan para fines industriales legítimos, lo que dificulta las estimaciones.

El segundo mecanismo para tratar de establecer los beneficios del mercado narco es el "enfoque de la demanda", que examina la información sobre el uso de drogas obtenida mediante encuestas de hogares y de estudiantes, en las oficinas de admisión hospitalaria o de la población carcelaria. Los datos se interpretan con cautela, ya que los grandes consumidores de drogas generalmente no están bien representados en este tipo de sondeos, así que son meras aproximaciones.

La cocaína es la droga que genera un mayor grado de consenso, ya que diversos estudios concluyen que produce ganancias anuales de entre 70.000 y 100.000 millones de dólares. Estados Unidos es el mayor mercado minorista, con el 47%, seguido por Europa, con el 39%. América Latina, que como región es la principal productora, se queda solo con el 4% de los multimillonarios ingresos. La heroína implica otro escenario, ya que la mitad de las ganancias es para la Unión Europea y Rusia, y solo el 13% para Estados Unidos y Canadá. Estados Unidos también lidera el mercado de la marihuana, con poco menos del 50%, y el de los estimulantes tipo anfetamina, con el 60%.

En pocas palabras

La garantía de ganancias millonarias es uno de los principales atractivos que logra convencer a muchas personas para que se sumen al ilegal negocio del tráfico de drogas.

02. Precios

Las drogas son caras porque son productos ilegales. El prohibicionismo es el factor principal que explica una dispersión de precios que va, en el caso del gramo de cocaína, de los 1,8 dólares que cuesta en Colombia, uno de los principales países productores, a los 169 dólares que vale en Estados Unidos, el principal país consumidor, o los más de 300 dólares a los que puede ascender en Australia. Cuantas más barreras se vencen para lograr llegar al consumidor, más caro es el producto.

A principios de los años setenta, Estados Unidos declaró una guerra al comercio de drogas que, se esperanzó el presidente Richard Nixon, aumentaría los precios. A mayor costo, habría menos consumidores. Pero ocurrió todo lo contrario, porque desde entonces los precios de las drogas se desplomaron y se hicieron más accesibles.

De acuerdo con informes de la JIFE, el gramo de cocaína en Estados Unidos pasó de 278 a 169 dólares entre 1990 y 2010. El de heroína se redujo de 1031 a 450 dólares, es decir, a menos de la mitad, en el mismo lapso. Lo mismo ocurrió en la Unión Europea, el segundo mercado más importante de consumidores, en donde el precio del gramo de cocaína bajó, en promedio, de 117 a 82 dólares, y el de heroína, de 173 a 68 dólares. Con el agravante, además, de que la pureza y la potencia de las drogas aumentó. El gramo de marihuana en Estados Unidos bajó de 25 a 12 dólares en veinte años, pero la calidad de sus sustancias psicoactivas creció del 4 al 12%.

> En los años treinta, un cigarrillo de marihuana costaba entre 20 y 40 centavos de dólar en Estados Unidos si era producido en ese país, pero aumentaba a 1 dólar si era mexicano, debido a que la hierba era de mejor calidad.

En el desglose de los precios por kilogramos, las cifras se vuelven astronómicas. En los años setenta, un kilogramo de cocaína en Colombia costaba 7000 dólares, pero hoy su precio se ha reducido a unos 1500 dólares. Cuando llega a Estados Unidos, después de atravesar Centroamérica y México, o la ruta marítima de las islas del Caribe, ya vale hasta 35.000

dólares. Si la trasladan a Europa vía España, el precio supera los 50.000 dólares y puede aumentar incluso a 70.000 si los narcotraficantes logran introducirla en las costas británicas. Pero en realidad, los precios han bajado tanto en su distribución al menudeo que una dosis de cocaína en Europa equivale a beber una copa de vino en algún bar italiano.

Los precios oscilan según el corte. Un kilogramo de cocaína pura puede transformarse en cuatro para su venta al menudeo, gracias a que se mezcla con otros productos, como harina o talco, para obtener un mayor número de dosis. Por eso, el kilogramo que entró a Estados Unidos con un precio de 35.000 dólares, genera dividendos de 120.000 dólares o más, dependiendo de cuánto se haya rebajado.

Factores climáticos y políticos también inciden en los precios de las drogas, como cuando las sequías o erradicaciones forzadas de cultivos de amapola o marihuana provocan una escasez de materia prima, o las detenciones de narcotraficantes complican el envío de cargamentos.

Un informe de la OEA realizado en 2012 reveló que los precios de las drogas se desplomarían con la legalización, ya que los productores no tendrían que invertir, por ejemplo, sumas millonarias en transporte, entre otros factores. Sin tomar en cuenta impuestos y cargos administrativos que deberían cubrirse en cada país, el precio de la cocaína caería en un 96%; el de la heroína, en un 98%, y el de la marihuana, en más del 80%.

Perú, por ejemplo, redujo en un 17% las hectáreas cultivadas de hoja de coca durante 2013, lo que provocó que los precios se dispararan a niveles récord. El precio del kilogramo de hoja de coca peruana osciló, dependiendo de su calidad, entre 4,3 y 8,2 dólares, valores que nunca antes había alcanzado. El precio del gramo de clorhidrato de cocaína, cuya producción está liderada por Perú, aumentó de 993 a 1310 dólares ese año porque había menos cosecha. Se produjo menos, pero más caro.

Los precios de las drogas en Perú ya se habían visto afectados a comienzos de los noventa, cuando una cepa de hongos contaminó por lo menos 12.000 hectáreas de tierra y el valor de la hoja de coca se desplomó, lo que obligó a muchos campesinos a abandonar los cultivos y buscar otro tipo de subsistencia. La caída de los

¿**Sabías que...** el precio de un kilogramo de cocaína puede aumentar quinientas veces desde que sale de las selvas colombianas hasta llegar a Estados Unidos?

precios también se explicó porque Colombia estaba produciendo cada vez más hoja de coca y ya no dependía tanto de los cultivos de Bolivia y de Perú. Los narcotraficantes peruanos recuperaron terreno en el comercio de drogas cuando evitaron la intermediación de cárteles colombianos y negociaron directamente con organizaciones mexicanas. Eran los años de extinción de los cárteles de Medellín y Cali, etapa que la guerrilla y los grupos paramilitares de Colombia aprovecharon para ingresar en el negocio y controlar la producción de hoja de coca y amapola. Estos nuevos actores controlaron el mercado y explotaron a los campesinos al establecer precios bajos para los productos que vendían y altos costos para los insumos que compraban.

El comercio ilegal de drogas cumple las reglas de fijación de precios según la oferta y la demanda que establece el capitalismo. A mediados del siglo pasado, los soldados que combatieron en la Segunda Guerra Mundial necesitaban morfina, lo que provocó el incremento del cultivo de la adormidera o amapola, la planta que produce ese potente analgésico. Había mucha demanda y el precio, naturalmente, aumentó. Antes de la guerra, una libra de heroína costaba 300 francos en París, pero después se multiplicó por diez.

Los consumidores de marihuana de Estados Unidos sufrieron en 2014 el impacto de la oferta y la demanda en los precios. La legalización del consumo de cannabis que comenzó a regir en algunos estados provocó un desabastecimiento de la droga. En algunas tiendas legales, el precio aumentó de 2500 a 6000 dólares por libra (unos 453 gramos). Esta droga, sin embargo, tiene la característica de que puede ser muy barata para los consumidores que siembran en sus casas y se autoabastecen e incluso regalan el producto a sus amigos para escapar de las redes del narcotráfico. En Uruguay, el gobierno fijó un precio de 87 centavos de dólar por cada gramo de marihuana que se venda en el mercado legal a partir de 2015.

Tanzania, Kenia, Pakistán y Kirguistán son los países con los precios más bajos para la heroína, ya que el gramo oscila entre 1,3 y 2,2 dólares. Por el contrario, en Nueva Zelanda, Brunéi y las islas de la República de Mauricio vale entre 1283 y 358 dólares. La cocaína alcanza sus precios más altos, entre 426 y 275 dólares, en Nueva Zelanda, Austria y Armenia, pero se desploma a 1 dólar o menos en Perú, Venezuela, Panamá y Trinidad y Tobago.

Los precios récord del gramo de marihuana fluctúan entre 124 y 38 dólares en Bermudas, Japón e Islandia, valores que contrastan con los de la mayoría de los países africanos, en donde esta droga se consigue por menos de 1 dólar. Las anfetaminas por gramo o pastilla se venden en un rango de 616 a 366 dólares en Corea, Baréin y Suiza, pero el precio cae a entre 1,6 y 2,1 dólares en Camboya, Laos y Jordania.

La oscilación de precios también depende de la calidad del producto final. No es lo mismo un gramo de cocaína pura, que puede costar en el mercado estadounidense unos 169 dólares, que el *crack* (la cocaína alterada con sustancias que la cristalizan), cuyo precio puede arrancar en los 10 dólares por dosis. El "paco", un residuo de la cocaína alterado por múltiples y sumamente nocivas sustancias químicas, se puede conseguir en América del Sur por menos de 1 dólar.

En el vaivén de costos influyen las sanciones legales a las que se arriesgan los narcos. Uno de los casos extremos es Brunei, el país asiático en donde un gramo de heroína cuesta 1330 dólares, precio que contrasta con los menos de 2 dólares que esa misma droga puede costar en Kenia. El factor que dispara el precio es que Brunéi es uno de los dieciséis países que castigan con pena de muerte los delitos relacionados con las drogas.

En pocas palabras
Los precios de las drogas están encarecidos artificialmente porque son productos ilegales.

03. Impacto del narcotráfico en la economía

Las ganancias del narcotráfico impactan en la economía mundial porque alimentan un circuito de lavado de dinero cuyos protagonistas rara vez son conocidos o sancionados. Las fortunas del crimen organizado ayudan a rescatar bancos de países ricos en épocas de crisis y a condicionar políticas públicas en lugares como Afganistán, en donde las ganancias por la producción y tráfico de heroína representan más del 50% del PBI. El dinero narco afecta la producción de bienes legales, produce desempleo, violencia y deserción escolar juvenil y, en situaciones extremas, el cierre de empresas y el éxodo de ciudadanos.

El narcotráfico es el negocio más lucrativo. Según la ONU, son 350.000 millones de dólares de ganancias anuales, cifra que supera la deuda externa de varios países de América Latina y el presupuesto global de muchas naciones africanas.

En países productores como Colombia, Perú, Bolivia y México, los millones del narcotráfico distorsionan estadísticas de ingresos por exportaciones, debilitan industrias legales que sí pagan impuestos, y afectan la productividad de la ciudadanía, atemorizada por la violencia y que ve a miles de jóvenes abandonar las escuelas para sumarse a las filas del crimen organizado.

En países consumidores, como Estados Unidos, las organizaciones criminales han encontrado el mejor refugio para lavar sus fortunas mediante complejas operaciones financieras. Los bancos se han convertido así en beneficiarios privilegiados del mercado ilegal de drogas.

Hay mucha hipocresía en la fervorosa guerra contra el narcotráfico que encabeza Estados Unidos. En 1998, la procuradora de Justicia, Janet Reno, y el secretario del Tesoro, Robert Rubin, presumieron que sesenta y cinco agentes encubiertos del Servicio de Aduanas habían realizado durante más de dos años la Operación Casablanca, que descubrió múltiples maniobras de lavado de dinero de los cárteles de Juárez y de Cali. Esperaban confiscar más de 100 millones de dólares. Acusaron a bancos mexicanos, pero en la pomposa rueda de prensa jamás dijeron que uno de los bancos implicados era el estadounidense Citibank, que después tuvo que ser investigado.

¿Sabías que... según una investigación de la Universidad de Bogotá, el 97,4% de los ingresos procedentes del narcotráfico en Colombia se blanquea en circuitos bancarios de Estados Unidos y Europa?

Pese al escándalo internacional que desató la Operación Casablanca, los bancos del país más poderoso del mundo siguieron lavando dinero de organizaciones criminales. En 2006, las autoridades descubrieron que el banco Wachovia había permitido el ingreso de más de 100 millones de dólares del cártel de Sinaloa al circuito bancario de Estados Unidos. Cuatro años más tarde, el vicepresidente de Wachovia firmó un acuerdo en el que reconoció que el banco había violado leyes antilavado. Las multas y confiscaciones sumaron 160 millones de dólares. Esa fue toda la sanción, porque ninguno de los empleados del banco (mucho menos los dueños) fue a la cárcel. Ese año, las ganancias de Wachovia superaron los 12.000 millones de dólares. Fue una muestra más de la impunidad con la que se mueven los banqueros aunque sus empresas queden vinculadas al lavado de capitales.

No pasó mucho tiempo para que otro banco tuviera que dar explicaciones por sospechas de lavado de dinero. Una comisión del Senado de Estados Unidos descubrió que el banco HSBC había transferido, entre 2007 y 2008, 7000 millones de dólares al sistema bancario de Estados Unidos. Después de años de declaraciones de inocencia y acusaciones cruzadas, el banco aceptó pagar

Uno de los principales impactos económicos del narcotráfico se mide en el sector salud. La JIFE estima que por cada dólar que los gobiernos invierten en programas de prevención, ahorran 10 dólares a futuro en gasto de recuperación de adictos. Solo uno de cada seis consumidores de drogas recibe un tratamiento médico, lo que implica una inversión global de 35.000 millones de dólares. Un desglose por regiones demuestra, otra vez, la inequidad, porque en Estados Unidos se atiende uno de cada tres adictos, pero en África, apenas uno de cada dieciocho. Si todos los drogodependientes hubieran recibido tratamiento en 2010, el costo habría sido de hasta 250.000 millones de dólares.

El aumento o disminución de los homicidios influye directamente en la economía. Un estudio del Banco Mundial estableció que una reducción de diez homicidios por cada cien mil habitantes produce un incremento del PBI per cápita de entre el 0,7 y el 2,9%. La violencia en América Latina, en parte producto de la guerra contra el narcotráfico, implica un costo del 14,2% del PBI regional, con un rango de entre el 5,1% para Perú y el 24,9% para El Salvador.

en 2012 una multa de casi 2000 millones de dólares. Otra vez, ningún banquero fue juzgado.

A fines de 2009, el director de la Oficina de las Naciones Unidas contra la Droga y el Delito, Antonio Maria Costa, reconoció que, durante la crisis financiera internacional iniciada un año antes, el dinero de las organizaciones criminales había sido el único capital de inversión líquida (dinero en efectivo) del que pudieron disponer los bancos para sobrevivir. Solo así evitaron una quiebra en cadena. "Los centros del poder financiero mundial se mantuvieron a flote con el dinero de la coca", concluyó el periodista Roberto Saviano.

Los millones narco modifican las cuentas nacionales. Así ocurrió en Colombia, un país cuya economía creció en los años ochenta a un ritmo del 4,1%, a contramano del estancamiento que registraba el resto de América Latina en una etapa que se conoció, justo por ello, como "la década perdida". La excepcionalidad colombiana se debió al impacto interno que provocaban las ganancias por 1500 millones de dólares anuales provenientes del narcotráfico, lo que se consolidó como el factor más importante de la economía subterránea del país caribeño, aunque su incidencia con respecto al PBI se ha reducido del 0,8 al 0,3% en los últimos quince años. El peso del narcotráfico en la economía de Colombia se refleja, además, en los 16.000 millones de dólares que han sido repatriados entre 2000 y 2009, y en las miles de personas que viven del cultivo de coca.

México, un país en el que casi medio millón de personas se dedica a actividades relacionadas con el narcotráfico, es otro caso para analizar. En 2013, el Banco Interamericano de Desarrollo dio a conocer un informe sobre las consecuencias económicas de la violencia en ese país. Reveló que entre 2006 y 2010 unas doscientas treinta mil personas se habían desplazado de sus estados de origen, y por lo tanto, de sus trabajos, por temor a los narcotraficantes y a las fuerzas de seguridad, lo que afectaba la inversión de capital, la supervivencia de empresas y la creación de nuevos negocios. El estudio comparó el consumo de electricidad, que es un indicador de actividad económica, en los municipios más afectados por la guerra contra los cárteles, y descubrió que entre 2005 y 2010 habían consumido un 6,8% menos de electricidad per cápita en promedio que la que utilizaban antes de que recrudeciera la violencia, lo que evidenciaba una menor productividad.

En Bolivia, el gobierno reconoció en el año 2000 que la erradicación de cultivos de coca afectaba la economía nacional porque los campesinos perdían ingresos superiores a los 500 millones de dólares anuales, que equivalían al 1% del PBI. En los años ochenta y noventa, la producción de hoja de coca ayudó a estabilizar la moneda y a estimular la economía, y se convirtió en la mayor fuente de ingresos en el sector de mayor generación de empleo, pues tan solo en la zona de El Chapare permitía la subsistencia de veinticinco mil familias.

La dependencia de las ganancias del tráfico de drogas obstaculiza el desarrollo de países como Afganistán, cuya economía se basa en la amapola; o Colombia, en donde los grupos armados se financian con dinero narco, al igual que lo hacen organizaciones terroristas en Pakistán o en la región de los Balcanes.

Los millones del narco generan otro efecto perverso en las economías locales de los países en donde los grupos criminales tienen mayor presencia, ya que algunos ciudadanos confían, admiran y protegen a los capos, que sustituyen a un Estado ausente y pavimentan calles, construyen canchas de futbol, reparan iglesias o construyen viviendas. El negocio aumenta su atractivo para miles de jóvenes que saben que en trabajos legales ganarán apenas una sexta parte del salario mínimo que ofrecen los cárteles.

En pocas palabras

Las millonarias ganancias de las drogas impactan en la economía internacional y condicionan políticas en los principales países productores y consumidores.

Capítulo 2
En el principio fueron las drogas

04. Uso de drogas en culturas antiguas

Las drogas han acompañado el desarrollo de la humanidad. Diferentes culturas dispersas alrededor del mundo consumieron desde sus orígenes algún tipo de estimulante para alterar su estado de conciencia. Fue una manera de relacionarse con sus dioses o de ir al encuentro de espíritus mágicos. También las usaron con fines medicinales o por puro placer. El uso de drogas formó parte de ancestrales ritos sagrados y se convirtió en patrimonio cultural de diversos pueblos, pero con el paso del tiempo se impusieron las políticas que prohibieron y sancionaron su consumo.

En el principio, fueron las drogas.

Un día, hace más de cinco mil años, posiblemente en Medio Oriente, un hombre o una mujer descubrió que la uva (también pudo haber sido un cereal) se fermentaba de manera natural. Probó el jugo. Sabía raro. Fue el hallazgo accidental de bebidas que la humanidad perfeccionaría hasta convertirlas en vino o cerveza, y que provocaban sensaciones nuevas, placenteras y efímeras. Estimulaban el sistema nervioso, lo que convirtió al alcohol en una de las primeras drogas conocidas y producidas por la humanidad.

La Historia no se entiende sin las bebidas alcohólicas. La Biblia rebosa de menciones al vino, al igual que obras clásicas griegas como *La Ilíada* y *La Odisea*. Los griegos veneraban a Dioniso y los romanos a Baco, dioses del vino relacionados con fiestas, éxtasis, música y banquetes. Demasiado placer para algunos, como Mahoma, que en el siglo VIII mandó a azotar a un hombre por haberse emborrachado e incumplido con sus deberes. Sobre este castigo se asentó

El consumo de drogas fue naturalizado en las culturas antiguas, pero siempre hubo voces que se alzaron para advertir sobre sus riesgos. "Yo, tu superior, te prohíbo acudir a tabernas, estás degradado como las bestias", reza un papiro egipcio fechado en el año 2000 a. C. "Me dicen que abandonas el estudio, que vagas de calleja en calleja, la cerveza es la perdición de tu alma", advierte otro mensaje, escrito por un padre egipcio a su hijo.

> Los incas masticaban hoja de coca para mitigar los efectos derivados de la altitud, el hambre y la fatiga, costumbre que conservan hoy en día los trabajadores, campesinos y mineros de los pueblos andinos.

la prohibición del consumo de alcohol en el islam. Para la Iglesia católica, por el contrario, el vino se convirtió en ingrediente central de las ceremonias religiosas. Es ni más ni menos que la sangre de Cristo.

Sin ser tan populares, los hongos alucinógenos ocupan un lugar especial en la historia de las drogas. Eran tan importantes para algunos pueblos prehispánicos que en Guatemala se han descubierto hongos esculpidos en monumentos de piedra que datan del siglo X a. C. En Escandinavia, los vikingos consumían una potente variedad de hongo, llamada *Amanita muscaria*, antes de comenzar sus sangrientas batallas. A miles de kilómetros de distancia, los aztecas consumían en sus rituales el teonanácatl, que han dejado inmortalizado en sus códices bajo el nombre de "hongo sagrado". En México algunos pueblos originarios todavía luchan para que se les respete su derecho a consumir peyote, un cactus alucinógeno que los acerca a otros mundos.

No menos ancestral es la planta de cannabis o cáñamo indio, la popular marihuana, que se consumía en China en el año 4000 a. C. Sus fibras son tan potentes que también se utilizaba para fabricar textiles, cuerdas, ropa y velas de barcos. Para fumarla había que desmenuzar las hojas y las flores de la planta, y dejarlas secar por lo menos durante dos meses. O se las machacaba para obtener una goma que se comprimía y se fumaba en pipa y en grupo, porque no era un placer solitario, sino parte de rituales comunitarios. "El cáñamo tomado en exceso hace ver monstruos, pero si se usa largo tiempo puede comunicar con los espíritus y aligerar el cuerpo", advierte un tratado chino que compila escritos milenarios. Los egipcios producían hachís, que es la resina del cannabis, para quemarlo en un brasero a modo de incienso en ceremonias compartidas por la comunidad. En el siglo VII a. C., los celtas comercializaron el cáñamo y lo distribuyeron en el Mediterráneo, gracias a lo cual llegaron a los pueblos griegos y romanos, que llegaron a utilizarlo en la repostería (lo que serían hoy los famosos pasteles de marihuana). Durante la Edad Media, brujos y hechiceras fueron acusados de utilizar el cannabis con fines condena-

¿Sabías que... el Papa Inocencio VIII prohibió en 1484 el consumo de la planta de cannabis al asegurar que era un sacramento impío y propio de rituales satánicos?

dos por la Iglesia, pero los médicos comenzaron a recomendar su uso por sus propiedades curativas. En el año 1150, la médica y santa Hildegard von Bingen promovió en Alemania el cáñamo para resolver problemas del estómago y heridas, hasta que, en el siglo XV, los papas sancionaron su uso. Mahoma había prohibido el vino, pero, como nada dijo del cannabis, los islámicos se encargaron de propagar su consumo en Medio Oriente y en África.

Las primeras huellas del consumo de opio, un jugo extraído de la planta de adormidera (un tipo de amapola), son igual de lejanas. Hay que remontarse al año 3000 a. C. para encontrar las primeras referencias a esta droga en las culturas mesopotámicas, aunque las plantaciones de mejor calidad se cultivaron después en Asia, en la zona del Triángulo Dorado, compartida hoy por Laos, Tailandia y Birmania, y en la Media Luna que forman Pakistán, Afganistán, Irán y Turquía. Los egipcios mencionan el opio en sus jeroglíficos y lo recomiendan, entre otras cosas, para tranquilizar a los bebés. Por su efecto narcótico y calmante, la droga se convirtió en una de las medicinas más populares entre los griegos. El padre del conquistador Alejandro Magno expandió su uso al descubrir su poderoso efecto calmante. En *La Odisea*, el poeta Homero valoró el jugo de adormidera porque, "además de calmar el dolor, trae el olvido". El comercio de opio se legalizó en Roma, con su correspondiente tasación de impuestos. Fue tanto el éxito de venta que llegó a representar el 15% de los ingresos de la capital del Imperio. En el siglo XVI, el alquimista y médico suizo Paracelso popularizó el láudano, una mezcla de opio, vino blanco y especias, que llegó a ser uno de los remedios más importantes de la época. Pasarían varios siglos más para que los químicos lograran aislar el alcaloide más potente de la planta, la morfina, y fabricaran luego la potente heroína.

Al igual que la adormidera, la planta de coca creció primero de manera silvestre y permaneció en los campos hasta que a alguien se le ocurrió recogerla y masticarla. Descubrió entonces su poder estimulante. Las primeras referencias a la coca datan del siglo X a. C., en Colombia, con los chibcha, que aprendieron a cultivar-

Las religiones antiguas dotaron a las drogas de explicaciones místicas, las envolvieron en leyendas. El *Atharva Veda*, el libro sagrado del hinduismo, cuenta que la planta de cannabis brotó por primera vez en la tierra gracias a una lluvia de ambrosía, el manjar exclusivo de los dioses. Otros textos hindúes aseguran que "los dioses se apiadaron de los hombres y les regalaron la *ganja* (cannabis) para que alcanzaran la inspiración, perdieran el miedo y conservaran el deseo sexual". En la mitología germana el cáñamo está consagrado a los *vanir*, una estirpe de pacíficos dioses tutelares de la fertilidad. El cannabis chino, conocido como *ma*, era muy valorado por los antiguos chamanes, que lo incluían en los elixires preparados por los alquimistas del Tao.

la y expandieron el conocimiento de la planta al Sur, en donde el pueblo inca la retomó. Fue considerada una planta sagrada y se utilizaba en rituales en los que se la masticaba y mezclaba con cal o ceniza para liberar sus efectos mágicos, pero también servía como medicamento para curar molestias gastrointestinales y catarros o para contrarrestar la fatiga provocada por la altura. Era considerada como un regalo especial, valioso. El Imperio inca consiguió perfeccionar los cultivos para producir tres cosechas anuales, pero su uso se convirtió en un privilegio de las élites gobernantes, que prohibieron su consumo generalizado. Después de la Conquista, los españoles intentaron vetar por completo la hoja de coca. "Es inútil, perniciosa y conduce a la superstición, pues es el talismán del diablo", denunció el Concilio de Lima de 1567. La disputa religiosa se resolvió al legalizar su comercio y fijar un impuesto. Los colonizadores descubrieron que la coca los favorecía, pues permitía que los aborígenes forzados a trabajar en el campo y en las minas soportaran mejor el hambre y el agotamiento. En nombre de la explotación, permitieron su consumo.

En pocas palabras
Las drogas forman parte de la historia de la humanidad desde sus inicios y fueron valoradas y consumidas por todo tipo de culturas durante siglos.

05. Las Guerras del Opio

La primera guerra vinculada con las drogas estalló en el siglo XIX, en una época en la que imperaban criterios comerciales y de expansión colonialista. Fue una disputa entre el prohibicionismo al opio que aplicaba China, alarmada por el alto consumo y los efectos en su población, y la liberalización del comercio que defendía el Reino Unido, que veía a la droga como una valiosa mercancía que le permitiría extender su dominio económico en Oriente.

Era casi medianoche en Hong Kong y llovía tanto que el discurso del príncipe Carlos apenas si se oía. Sus palabras ante la multitud anunciaban una despedida, porque en los últimos minutos de ese 30 de junio de 1997, Gran Bretaña devolvía a China la soberanía sobre este puerto, una de sus últimas colonias.

Segundos antes de que comenzara el 1º de julio y bajo los acordes del himno real, "God save the Queen", un grupo de soldados bajó lentamente las banderas británica y del Hong Kong colonial. Enseguida, otros oficiales chinos elevaron las banderas de la República Popular China y de lo que, a partir de ese momento, se llamaría Región Administrativa Especial de Hong Kong.

La ceremonia, en la que hubo lágrimas inglesas, puso fin a 156 años de un largo régimen colonial que fue posible gracias al triunfo del Imperio británico en la disputa por el comercio de una poderosa droga. A su victoria en las Guerras del Opio.

El enfrentamiento comenzó a fines del siglo XVIII, cuando el emperador Jiaqing prohibió la importación y cultivo local de opio. La decisión afectaba a la Compañía Británica de las Indias Orientales, que controlaba la exportación de la droga a China, gracias a que

La legalización del opio desarrolló la producción local de la droga en China. A fines del siglo XIX, el país logró autoabastecerse al producir 22.000 toneladas de opio, frente a las 3000 que importaba de la India. El comercio que había sido el detonante de las guerras era ínfimo. China tenía su propio opio. El consumo y la adicción se multiplicaron y provocaron la mayor intoxicación colectiva de la historia, de la cual China no se recuperó hasta mediados del siglo XX.

El Parlamento británico declaró en 1890 que el tráfico de opio era moralmente injustificable. Apenas unas décadas antes había apoyado las Guerras del Opio porque la droga era una importante fuente de ingresos para el Reino Unido. India había desarrollado el cultivo de amapola hasta convertirse en uno de los principales países productores de opio. Los ingleses querían imponerse en las rutas y en los mercados comerciales del mundo, pero no tenían nada para ofrecer a Oriente. Por el contrario, necesitaban especias, té y seda de China, mercancías que pagaron primero con plata, pero después con opio que mandaban desde la India, una de sus estratégicas colonias. Pese a la prohibición de comerciar opio en China, los ingleses siguieron introduciendo la droga con la ayuda de mafias locales. Se convirtieron en narcotraficantes.

Las primeras décadas del siglo XIX estuvieron marcadas por la tensión. En China había preocupación por el efecto nocivo que el consumo masivo de opio estaba causando en la población, ya que la adicción destruía, mataba. El gobierno Qing, la dinastía reinante, trataba de impedir la droga, pero el comercio ilegal y los adictos aumentaban sin freno. El conflicto tenía su costado económico, porque los chinos pagaban el opio con plata. Eran valiosos recursos perdidos por el Imperio chino, que veía cómo los ingleses ganaban fortunas gracias a un pujante tráfico que, en solo treinta años, había aumentado de doscientas a cuatro mil el número de cajas de opio que llegaban principalmente al puerto de Cantón.

En 1834, los británicos enviaron a China a William John Napier para promover, más bien forzar, una apertura comercial. El inglés quería acordar directamente con el gobierno Qing, pero los funcionarios chinos tenían prohibido relacionarse con occidentales, así que las negociaciones no avanzaron. La autoridad moral del emperador Daoguang ya estaba en riesgo por la creciente corrupción y violencia que generaba el tráfico de opio, por lo que en 1836 algunos de sus consejeros propusieron legalizar el comercio de la droga, pero la idea no prosperó.

Tres años más tarde, el emperador designó como comisionado para combatir el tráfico ilegal de opio a Lin Xeju, quien exigió a los ingleses que dejaran de introducir la droga en China, realizó

¿Sabías que... a principios del siglo XX había más de trece millones de opiómanos en China?

operativos en contra de los distribuidores chinos y secuestró y destruyó cargamentos provenientes de India. El desabastecimiento encareció el opio, lo que despertó aún más la codicia inglesa.

La guerra era inminente.

Los ataques de los vapores ingleses comenzaron en marzo de 1839, en condiciones de desigualdad. China era un imperio en decadencia, plagado de rebeliones internas. El Reino Unido, en cambio, era el imperio económico y naval más poderoso de la época. Después de cinco años de enfrentamientos, sin ninguna sorpresa, China asumió la derrota y en agosto de 1842 firmó el Tratado de Nankín, que definió las reglas de las relaciones comerciales y diplomáticas entre ambos países. Las desventajas, por supuesto, fueron para China, que tuvo que permitir la apertura de cinco puertos para el libre comercio británico, con una baja tasación de impuestos. El gobierno Qing fue obligado a pagar compensaciones millonarias por los cargamentos de opio decomisados, a cubrir los costos de la guerra, y a amnistiar a los chinos que habían ayudado a los ingleses durante el conflicto.

El Reino Unido logró, también, la concesión exclusiva de un despoblado puerto llamado Hong Kong. Los ingleses se quedarían ahí durante 156 años.

La prohibición sobre el comercio de opio se mantuvo, lo que parecía una contradicción ya que ese había sido el motivo de la guerra. Pero los ingleses sabían que los altos precios del opio se debían precisamente al prohibicionismo. Si presionaban por su legalización, las ganancias se derrumbarían, y eso era lo que menos les interesaba. Se impuso la hipocresía colonial.

El Reino Unido también fue beneficiado por una norma especial, la "cláusula de extraterritorialidad", que le otorgaba la jurisdicción de sus súbditos aun estando en otro país, lo que dotaba de plena inmunidad a los ingleses.

Las tensiones continuaron pese al fin formal de la guerra. El malestar en China era latente. La derrota había roto una fuerte

Una temeraria carta del gobierno Qing a la reina Victoria detonó la primera Guerra del Opio: "Hemos decidido castigar con penas muy severas a los mercaderes y a los fumadores de opio, con el fin de poner término definitivamente a la propagación de este vicio. Parece ser que esta mercancía envenenada es fabricada por algunas personas diabólicas en lugares sometidos a su ley. He oído decir que en su país está prohibido fumar opio. Ello significa que no ignoran hasta qué punto resulta nocivo. Pero en lugar de prohibir el consumo del opio, valdría más que prohibiesen su venta o, mejor aún, su producción. Todo opio que se descubre en China se echa en aceite hirviendo y se destruye. En lo sucesivo, todo barco extranjero que llegue con opio a bordo será incendiado".

tradición moral que establecía que los gobernantes chinos debían exigir a los extranjeros "tributo y obediencia". Había ocurrido todo lo contrario. La milenaria cultura quedaba sujeta a un poder occidental que establecía nuevas formas sociales y de comercio.

Pese al triunfo, los británicos tampoco estaban conformes. Querían más privilegios. En 1856, trece años después de haber firmado la paz, el Reino Unido comenzó la segunda Guerra del Opio, pero ahora contaba con el apoyo directo de Francia. Luego se sumaron Estados Unidos y Rusia. China volvió a perder, y en 1860 tuvo que pagar otra vez indemnizaciones millonarias, aceptar que las potencias occidentales abrieran embajadas en Pekín, lo que había estado prohibido hasta entonces en la ciudad sagrada, y que comerciaran libremente en una decena de puertos. El comercio de opio, entonces sí, se legalizó.

En pocas palabras
Las Guerras del Opio fueron resultado de la codicia colonialista del Reino Unido y provocaron una tragedia social de adicción en China.

06. Siglo XX: la era del prohibicionismo

Estados Unidos decidió, a principios del siglo XX, que las drogas eran malas y que había que prohibirlas. Los motivos no fueron compasivos. Jamás se analizó o se trató de entender la historia de los estimulantes ni se respetó el uso de plantas y hongos considerados sagrados en pueblos antiguos. Tampoco se priorizó la atención a los adictos ni las causas sociales, políticas y económicas del constante aumento del consumo. El enfoque fue colonialista, de discriminación a otras culturas, y se centró en la criminalización de productores, vendedores y consumidores. El resultado fue el nacimiento y auge del narcotráfico.

Los chinos consumen opio; los negros, cocaína; los mexicanos, marihuana. Entonces los chinos, los negros y los mexicanos tienen la culpa de que las drogas estén invadiendo Estados Unidos.

Amparados en esta sencilla y prejuiciosa ecuación, los estadounidenses lograron imponer hace más de un siglo el prohibicionismo a las drogas con base en motivos raciales. El peligro son los otros, concluyeron, en una premisa que sigue rigiendo la política exterior de este país.

Henry Cabot Lodge, primer líder republicano del Senado y un firme convencido de la superioridad anglosajona, dejó en claro su posición. En 1901, exigió que los comerciantes estadounidenses dejaran de venderles opio y alcohol "a tribus aborígenes y razas incivilizadas". La discriminación fue creciendo con el tiempo. Los motivos, además de moralistas, eran comerciales, ya que Estados Unidos no era productor de drogas, salvo de alcohol y tabaco, así que la prohibición a los otros estimulantes no afectaba su desarrollo económico.

El Partido de la Prohibición, que aún existe, ya había comenzado a tener presencia en la vida pública de Estados Unidos desde el siglo XIX, cuando hizo campañas para impedir el consumo de alcohol. Luego se sumaron la Liga Antitabernas y la Sociedad para la Supresión del Vicio. Los nombres de estos grupos lo decían todo. El conservadurismo había elegido a las drogas como enemigo en un momento en el que el abuso de opio, morfina, heroína y cocaína ya preocupaba en términos de salud, debido sobre todo a la epidemia china de adicción al opio. A principios de siglo, Estados Unidos registraba más de doscientos mil consumidores de drogas y los números iban en aumento. Las drogas no discriminaban, había adictos en todos los sectores sociales, pero los temores se enfocaron en los chinos, que formaban una pujante corriente migratoria en territorio estadounidense. "Si el chino no puede arreglárselas sin su droga, nosotros podemos arreglárnoslas sin el chino", concluyó la Comisión sobre Adquisición del Hábito de Drogas, que dependía de la Asociación Farmacéutica Americana. Desde entonces iba a ser más difícil que encontraran trabajo. A priori, eran considerados drogadictos.

En 1906 hubo un primer intento de regulación, cuando la Ley de Drogas y Alimentos Puros exigió que las etiquetas advirtieran si los productos contenían ingredientes "peligrosos", como alcohol, morfina, opio o marihuana.

En ese clima de puritanismo y segregación se planeó una inédita conferencia mundial sobre drogas.

Estados Unidos nombró como su comisionado del opio a Hamilton Wright, un médico convertido en un feroz zar antidrogas, que logró que el Congreso aprobara la primera ley prohibicionista federal, en la que se vetaba la importación de opio para fumar. Wright viajó en febrero de 1909 a Shanghái para participar en el histórico primer encuentro en materia de estupefacientes que se llevó a cabo en el mundo. Solo se abordó el problema del opio y sus derivados, no del resto de las drogas, en una discusión presidida por el obispo Charles Henry Brent y dominada por Estados Unidos y el Reino Unido. Participaron Alemania, Austria-Hungría, Francia, Italia, Japón, Países Bajos, Portugal, Rusia, China, Persia y Siam (el reino que comprendía lo que hoy es Laos, Tailandia y Camboya).

Shanghái fue crucial para determinar el enfoque internacional que se le daría a la lucha contra las drogas en el futuro. No participaron expertos en estupefacientes ni médicos, solo políticos. Ni siquiera acudió Turquía, que era uno de los principales países productores de opio, pese a que había sido invitado. Las decisiones que se tomaron fueron diplomáticas y económicas, de acuerdo con los intereses de las principales potencias, no con base en un análisis general del problema ni mucho menos tomando en cuenta las circunstancias sociales de los países productores, la mayoría de los cuales no eran potencias económicas en los albores del siglo XX. Tampoco lo serían después.

La cocaína, la marihuana, el opio y sus derivados (morfina y heroína) fueron las primeras drogas sujetas a regulación porque eran las más conocidas, pero el mercado de estupefacientes se desarrolló y hoy es muy amplio. Los narcotraficantes o consumidores crearon miles de preparaciones que no usan las drogas en su estado puro, sino que las mezclan con otras sustancias. La Lista Amarilla elaborada por la JIFE incluyó en 2013 más de mil trescientos preparados químicos y sustancias sometidos a fiscalización. La cocaína, por ejemplo, está prohibida al igual que la hoja y la pasta de coca, así como preparaciones conocidas como coboroftalmina, cocaetileno, delcaína, depsocaína, dextrocaína y psicaína, que contienen dosis de esa droga.

Estados Unidos impuso desde entonces su tesis, ingenua y peligrosa, de que se debía impedir la fabricación y exportación de drogas, porque, si no había oferta, no habría demanda. Se equivocó. La demanda, sobre todo en su territorio, no solo se mantuvo, sino que se expandió. Las redes del narcotráfico se fortalecieron gracias a los altos precios que las drogas alcanzaron a partir de la prohibición.

Como resultado de la conferencia de Shanghái, en 1912 se realizó en La Haya la Primera Conferencia Internacional sobre Opio. La declaración final contenía veinticinco artículos en los que los

> Naciones Unidas asegura que, de no haberse regulado el mercado del opio y sus derivados a principios del siglo XX, actualmente habría noventa millones de opiómanos, y no diecisiete millones, que es lo que estiman los informes internacionales.

trece países firmantes acordaron controlar la producción y distribución de opio, morfina, heroína y cocaína, que era la nueva droga que preocupaba a Estados Unidos porque "la consumían los negros" que, drogados, podían atacar a la población blanca, prejuicio que sigue vigente. También se comprometieron a eliminar los fumaderos de opio, castigar la posesión ilegal de drogas e invitar a treinta y cuatro países de Europa y América Latina a sumarse a esta nueva estrategia.

La Primera Guerra Mundial puso un freno a los intentos de regulación de las drogas, por lo que las legislaciones prohibicionistas solo se aplicaron en Estados Unidos, Holanda, China, Honduras, y Noruega, pero en 1919 los compromisos de la Conferencia Internacional sobre Opio de 1912 fueron incorporados al Tratado de Versalles, que puso fin al conflicto entre los victoriosos Países Aliados y la derrotada Alemania. Más países se fueron sumando a la lucha antidrogas bajo el liderazgo de Estados Unidos, que se erigió como gendarme mundial y que aprobó incluso la llamada "Ley Seca", que prohibió durante más de diez años la venta de alcohol en su territorio. En los años veinte, una vez creada la Sociedad de Naciones, se realizó una nueva Convención Internacional del Opio en Ginebra, en donde el cannabis fue añadido a la lista de sustancias prohibidas. En 1931 y 1936, la ciudad suiza volvió a ser sede de dos encuentros internacionales. Primero fue la Convención para Limitar la Fabricación y Reglamentar la Distribución de Drogas Estupefacientes, que reguló la oferta de estupefacientes a las cantidades necesarias para fines médicos y científicos y que fue

Las conferencias internacionales realizadas a partir de los años sesenta prohibieron a países en desarrollo todos los usos no medicinales ni científicos del cannabis, el opio y la hoja de coca, pese a que eran plantas naturales, veneradas por culturas ancestrales y parte de ritos y tradiciones sagrados. Miles de campesinos que cultivaban las plantas por mera subsistencia se convirtieron, en forma automática, en criminales.

firmada por cuarenta y dos países. Luego, se concretó la Convención para la Supresión del Tráfico Ilícito de Drogas, que tipificó, por primera vez, delitos vinculados a las drogas como crímenes internacionales.

El actual régimen de políticas prohibicionistas se terminó de diseñar en 1961, durante la Convención Única de Estupefacientes, que se realizó en Nueva York, en donde se definió una amplia lista de sustancias consideradas ilegales y, con el apoyo de setenta y tres países, se creó la JIFE, que cada año informa la colaboración o incumplimiento de los países en el control de las sustancias prohibidas.

En pocas palabras

Estados Unidos impulsó y lideró a principios del siglo XX las políticas prohibicionistas contra las drogas a partir de una visión colonialista, conservadora y segregacionista.

07. Alcohol y tabaco, a salvo

El consumo de alcohol y de tabaco se ha convertido en una tragedia social del siglo XXI. Son las drogas que más muertes causan en el mundo, pero, a diferencia de la hoja de coca, la amapola o la marihuana, no fueron condenadas por políticas prohibicionistas. El alcohol superó con creces la prueba de la Ley Seca. El tabaco fue, desde sus orígenes, una droga codiciada, mercancía valiosa para la economía de países productores. Formaron una poderosa dupla de drogas que evadió la ilegalidad y ayudó a construir imperios empresariales que continúan aportando millones de dólares a las economías de los países desarrollados.

Poco queda ya del halo de *glamour* que rodeó el consumo de alcohol y tabaco durante el siglo pasado.

El contrabando de cigarros de tabaco es millonario, pese a que es una droga legalizada. En los años noventa, el tráfico ilegal en Canadá creció de mil trescientos a 14.500 millones de cigarrillos al año. Las autoridades descubrieron que las empresas tabacaleras contrabandeaban su propia mercancía, ya que les generaba mayores ganancias al evitar el pago de impuestos. Según el Banco Mundial, cada año se trafican más de 350.000 millones de cigarrillos en el mundo. Uno de cada cuatro cigarrillos que se consume en el mundo es ilegal.

Las películas hollywoodenses rebosaban de estrellas, como Marilyn Monroe o Humphrey Bogart, que derrochaban sensualidad al exhalar una bocanada de humo o brindar con un trago, en alguna escena crucial, inolvidable. Hoy, ya casi solo los malos beben y fuman en el cine estadounidense, que de a poco se va plegando al creciente rechazo social que enfrenta sobre todo el tabaco, después de que las empresas fabricantes confesaran lo que negaron durante décadas: que es una droga mortal.

El alcohol y el tabaco, al igual que muchas otras drogas, acompañaron a la humanidad desde tiempos remotos. Su consumo se masificó en todas las culturas, pero fue el alcohol el que, en el siglo XIX, comenzó a ser asediado por intentos prohibicionistas de los sectores más conservadores de la sociedad estadounidense.

Eran los tiempos del Partido Prohibicionista, la Liga Antitabernas y la Unión Femenina de Abstinencia Cristiana, que intensificaban sus campañas contra el alcohol por motivos morales y religiosos, no de salud pública. Las organizaciones conservadoras lograron incrementos graduales de impuestos para desalentar el consumo, pero su gran triunfo llegó en 1920, cuando entró en vigor la Ley Nacional de Prohibición, que vedó la fabrica-

> Kansas se convirtió, en 1881, en el primer estado de Estados Unidos en prohibir las bebidas alcohólicas. También fue el último en derogar la Ley Seca, ya que la norma estuvo vigente hasta 1987.

ción, transporte y venta de bebidas alcohólicas en todo el país. La llamaron "el noble experimento", porque aspiraban a construir una sociedad sin vicios. "Se inicia una era de ideas claras y limpios modales. Los barrios bajos serán pronto cosa del pasado. Las cárceles y correccionales quedarán vacíos. Todos los hombres volverán a caminar erguidos, sonreirán todas las mujeres y reirán todos los niños. Se cerraron para siempre las puertas del infierno", declamó con inmensa ilusión el diputado republicano Andrew Volstead.

La ley impuso multas siderales, castigos de prisión y confiscación de bienes para quienes se atrevieran a producir algún tipo de licor. Pero la sociedad soñada por los conservadores nunca apareció. Por el contrario, Estados Unidos se convirtió en territorio codiciado por los traficantes de bebidas que enseguida supieron que podían hacer el negocio de sus vidas. Como era obvio, la prohibición disparó los precios. Las ganancias eran millonarias, así que bien valía la pena arriesgarse y evadir la ley. Los estadounidenses siguieron demandando alcohol, porque el consumo no podía desaparecer por decreto. Durante los años veinte, se construyeron miles de destilerías clandestinas y clubes "secretos" en donde se podía beber alcohol y probar otras drogas. El mercado negro se fortaleció y la violencia se multiplicó. Se formaron bandas criminales de las que surgieron leyendas, como la de Al Capone. La corrupción se diseminó entre funcionarios de todo tipo, que recibían sobornos a cambio de protección. Más de treinta mil personas murieron intoxicadas por consumir alcohol de mala calidad y cien mil más quedaron ciegas o con parálisis.

¿Sabías que... Bielorrusia es el país de mayor consumo de bebidas alcohólicas del mundo, con un promedio de 17,5 litros per cápita al año?

En 1928, cuando ya era más que evidente el fracaso de la ley, Herbert Hoover ganó la presidencia con la promesa de reforzar la prohibición. Aumentó penas, impuestos y persecución policial. Nada sirvió. El consumo alcohólico per cápita se disparó. A principios de los años treinta, el gobierno hizo cuentas: de no haber ilegalizado el alcohol, habría obtenido más de 500 millones de dólares anuales en concepto de impuestos. Estaba perdiendo fortunas. El 5 de diciembre de 1933, sumergido en las secuelas económicas de la Gran Depresión, que había estallado cuatro años antes, Estados Unidos derogó la prohibición.

La industria de bebidas alcohólicas se fortaleció desde entonces y, en el siglo XXI, las dos firmas del rubro con mayores ganancias a nivel mundial son las estadounidenses Budweiser y Jack Daniel's, valuadas en conjunto en unos 15.000 millones de dólares. Los beneficios económicos taparon los efectos nocivos, porque el consumo de alcohol se transformó en una epidemia que, según la Organización Mundial de la Salud (OMS), cada año provoca la muerte de tres millones trescientas mil personas y es causal de más de doscientas enfermedades y trastornos.

El organismo también ha alertado sobre los efectos del tabaco, la droga más mortal. Casi seis millones de personas mueren anualmente por el consumo directo o indirecto del cigarrillo. La cifra anual de muertes podría ascender a más de ocho millones en 2030. Y serán víctimas sobre todo de países pobres, porque el 80% de los mil millones de fumadores vive en regiones de ingresos bajos o medios. "El tabaco es una de las mayores amenazas para la salud pública que ha tenido que afrontar nunca el mundo", asegura la OMS, que ya calculó que, si en el siglo XX hubo cien millones de muertos por tabaco, en el siglo XXI serán mil millones.

Con el negocio en riesgo, las tabacaleras estadounidenses, que en los años ochenta tenían ganancias anuales de 45.000 millones de dólares, iniciaron campañas de desprestigio en contra de

La Ley Seca más famosa fue la de Estados Unidos, que comenzó a regir en 1920, pero antes ya otros países habían intentado evitar el consumo de alcohol. La provincia canadiense Isla del Príncipe Eduardo prohibió las bebidas alcohólicas en 1908 (la legislación no se derogó hasta 1945), Islandia en 1915, Noruega en 1916, y Rusia y Finlandia en 1919. Un caso curioso fue el de Islandia, que vedó la cerveza durante setenta y cuatro años, hasta que finalmente en 1989 eliminó la prohibición. El Corán prohíbe el consumo de alcohol, pero los países musulmanes oscilan entre posiciones extremas, como la de Arabia Saudita, que impone penas de prisión y tortura para quien lo produzca o consuma, y Egipto, en donde los extranjeros pueden beber en determinados lugares.

la OMS, que quedaron documentadas en informes internacionales. En tribunales defendieron, una y otra vez, la inocuidad de sus productos. Recién en marzo de 1997, una tabacalera reconoció que fumar generaba adicción y que los cigarros provocaban cáncer de pulmón, enfisemas y enfermedades cardíacas. Pese a las advertencias, el consumo no se ha reducido de manera sustancial. Funciona gracias al cabildeo millonario que siguen haciendo empresarios que ahora priorizan mercados frágiles, en donde las campañas de prevención y la conciencia de los riesgos del consumo de esta droga son menores que en los países ricos.

Sorprende que, con estas cifras, que superan la epidemia del opio que dio origen a las políticas prohibicionistas en el siglo XX, nadie haya planteado la ilegalización del alcohol y el tabaco. Es un dilema, porque los políticos tendrían que reconocer que se equivocaron y que las drogas legales terminaron provocando estragos mortales.

En pocas palabras

El prohibicionismo no alcanzó a las bebidas alcohólicas y al tabaco, que se convirtieron en las drogas más devastadoras del siglo XX.

Capítulo 3
La mercancía

• • • • • • • • • • • • • • • • • • •

08. Cannabis

La *Cannabis sativa*, vulgarmente conocida como "marihuana", es la droga más popular que existe. En 2012 la consumieron, según la ONU, unas ciento setenta y siete millones de personas. La planta no necesita mayores aditivos porque ya cuenta con más de cuatrocientos productos químicos naturales. Es la droga que causa más debate entre detractores y defensores, pero en los últimos años los movimientos despenalizadores avanzaron, sobre todo en América: su producción, venta y consumo ya es legal en Uruguay y en algunos estados de Estados Unidos, que se ha convertido en un importante país productor.

Nacida en Asia, la planta de cannabis recorrió durante siglos un largo camino para convertirse en la droga más consumida en el mundo entero.

De ser utilizada en los rituales del hinduismo y del budismo, la planta pasó a ser comercializada en culturas lejanas, como la egipcia o asiria, hasta llegar finalmente a Roma. Los comerciantes musulmanes la dispersaron luego por Medio Oriente, pero la expedición que Napoleón Bonaparte realizó a Egipto en el siglo XVIII fue fundamental para que la droga llegara a Francia y al Reino Unido. Los ingleses la llevaron a Jamaica, una ex colonia que quedó totalmente vinculada a la cultura cannábica en el siglo XX. A México llegó con la colonización, ya que las cuerdas de los barcos españoles eran fabricadas con el cáñamo de la planta. El conquistador Hernán Cortés incluso pidió que se llevaran más semillas al nuevo imperio, donde los pobladores la bautizaron como "marihuana". Siglos más tarde, los traficantes mexicanos la incorporaron como uno más de los productos que introducían ilegalmente a Estados Unidos. No fue una novedad. Los estadounidenses conocían el cáñamo desde la fundación del país, ya que la planta había sido llevada por colonizadores ingleses. Cuenta la leyenda que la Declaración de Independencia de Estados Unidos está firmada en papel de cannabis. Lo que sí se ha comprobado es que su primer presidente, George Washington, cultivaba, fumaba y promovía el consumo de la hierba.

La planta pudo haber servido para crear una poderosa industria textil o papelera, gracias a la resistencia y calidad del cáñamo;

¿Sabías que... nunca se han reportado muertes por sobredosis de marihuana?

para aprovechar sus semillas y producir aceite comestible, cremas, pomadas y jabones, por no hablar de sus propiedades medicinales para atemperar el dolor o atenuar náuseas y síntomas de enfermedades crónicas, y para abrir el apetito.

El inconveniente fue el tetrahidrocannabinol, más conocido por sus siglas (THC), un elemento psicoactivo que otorga a la marihuana su estatus de droga, es decir, de "sustancia [...] de efecto estimulante, deprimente, narcótico o alucinógeno", como lo define la Real Academia Española. A mayores niveles de THC, mayor efecto psicoactivo. La graduación depende del clima, el tipo de suelo, la variedad cultivada, la forma de cultivo, la parte de la planta utilizada para la extracción, el modo de preparación para su consumo y las condiciones de almacenamiento. La planta cuenta con variedades masculina y femenina diferenciadas, que crecen por separado, tienen gran resistencia y, en condiciones ambientales favorables, puede medir hasta seis metros de altura. Las hembras son más frondosas y duraderas, porque la planta macho, aunque es de mayor tamaño, suele morir después del ciclo de floración. Cuando la planta se cultiva de modo tradicional, la mayor parte de sus decenas de cannabinoides se concentra en las flores de las plantas hembras. La tendencia actual hacia el cultivo doméstico ha desarrollado variedades sin semilla, que tienen mayor potencia psicoactiva. Los cultivadores son capaces de debatir durante horas acerca de los mejores métodos para sembrar y cuidar la planta.

La forma más común para aprovechar el THC de la planta es fumarla a partir de un preparado de picadura de hojas secas, flores y pequeñas ramas de las plantas. La resina segregada por las hojas y flores femeninas es utilizada para fabricar hachís, un concentrado que generalmente se mezcla con tabaco para consumirse en forma de cigarrillo.

El cannabis puede crecer casi en todo el mundo. De ahí su exitosa expansión. También se diferencia porque el resto de las drogas ilegales no tiene militantes fervorosos que difundan los beneficios de su consumo. En Europa y América Latina hay miles de clubes de usuarios, autocultivadores y organizaciones que defienden la planta porque es solo eso: una planta. En ninguna parte del mundo hay grupos que justifiquen de manera tan abierta su derecho a inhalar cocaína o inyectarse heroína. No pueden utilizar el argumento de "droga natural", que sí sirve con el cannabis.

La marihuana tiene múltiples nombres. Es conocida como "mota", "mafu", "juana", "juanita", "hierba", "maría", "ganja", "primo". Los cigarrillos son llamados "cartuchos", "churros", "porros", "canutos".

El siglo XX fue decisivo para la marihuana. Se convirtió en uno de los principales símbolos de la contracultura de los años sesenta. Escritores, cineastas y artistas reconocieron, presumieron y defendieron su derecho a fumar: de Bob Marley a Bob Dylan, de los Beatles a los Rolling Stones. Mucho antes, ya se habían asumido como consumidores escritores, filósofos y artistas como Shakespeare, Friedrich Nietzsche, Victor Hugo, Alejandro Dumas, Diego Rivera y Pablo Picasso.

Según el Informe Mundial sobre Drogas 2014, el cultivo y la producción de hierba sigue siendo generalizado en el mundo, pero la producción de resina o hachís todavía se limita a unos pocos países de África del Norte, Medio Oriente y Asia sudoccidental. En Afganistán, pese a que ha disminuido la superficie dedicada al cultivo, la producción potencial de resina aumentó debido al mayor rendimiento por hectárea.

Con respecto al consumo de marihuana, el documento advierte que parece haberse reducido en Europa, región en la que siempre ha sido más popular el hachís. En África, el comercio ilegal de marihuana sirve para financiar conflictos armados en Senegal, Costa de Marfil, Guinea Bissau, Liberia, Sierra Leona, el Congo y la República Democrática del

La marihuana produce múltiples sensaciones. Sus efectos varían de acuerdo con la personalidad de cada individuo y las circunstancias en que se consume. Uno puede sentir somnolencia y tranquilidad; o volverse hiperactivo, tener ganas de sociabilizar, de reír, de hablar: euforia. En casos extremos puede producir alucinaciones, ataques de ansiedad o pánico.

El hachís es la resina concentrada del cannabis y en Europa se consume incluso más que la marihuana. Además de Afganistán y Argelia, uno de los países líderes en este derivado es Marruecos, en donde las plantas de cannabis para producción de hachís son cultivadas por más de cien mil familias, para quienes la droga representa el 50% de sus ingresos. Las ganancias millonarias, como en el resto de los estupefacientes, son para los narcotraficantes. El gobierno de Marruecos se impuso como fecha límite el año 2018 para erradicar por completo la producción de la resina, pero la meta está lejos de cumplirse, ya que entre 2011 y 2012 la producción creció de 126 a 137 toneladas. Marruecos requiere la colaboración activa de España, principal punto de ingreso de la droga que se trafica en Europa occidental y central.

Congo. En Estados Unidos las intensas campañas por la legalización del cannabis han reducido la percepción de riesgo, lo que explicaría el aumento de diez a más de doce millones de consumidores entre 2008 y 2012. Los defensores de la marihuana no entienden cómo el gobierno de Estados Unidos sigue colocándola en la lista de las sustancias más peligrosas. Ese país está sumergido en una serie de contradicciones con respecto al cannabis, porque su consumo y venta se ha despenalizado en una decena de estados, lo que viola leyes federales.

En pocas palabras

La marihuana es la droga que más se consume en el mundo y la única que está ganando la batalla contra la prohibición.

09. Cocaína

La droga que más ganancias produce es la cocaína. Supera el rendimiento de empresas multimillonarias que cotizan en la bolsa; por eso, pese a la incesante guerra declarada en su contra, sigue reinando entre las mercancías más valiosas de los narcotraficantes en el siglo XXI. La inútil estrategia para combatirla se basó en prejuicios y alimentó la ignorancia, al confundir la hoja de coca con la cocaína, como intentaron hacerlo los políticos que impulsaron salvajes campañas de fumigación y erradicación forzosa de la planta. Esto solo afectó, como siempre, al eslabón más frágil de la cadena: los campesinos de los países andinos.

Los cocales forman un paisaje verde intenso. Las hojas de los arbustos, brillantes por un lado y mate por el otro, son cosechadas con reverencia por pueblos originarios que las siembran desde hace siglos en Sudamérica. Los pueblos andinos saben que las plantas son favorecidas por los 1500 metros de altura de las altiplanicies peruanas y bolivianas, la humedad y el abundante nitrógeno de la tierra. Que la vida útil de cada planta puede ser de cincuenta años y que, dieciocho meses después de haber sido sembrada la semilla, la planta ya creció hasta 50 centímetros de altura. Saben, también, que las fértiles tierras pueden producir cuatro cosechas anuales de hoja de coca.

La planta de coca nació en los países andinos, pero no siempre se produjo únicamente allí. En los años veinte, los altos niveles de demanda provocaron el "primer *boom*" de la cocaína en el mundo, lo que desató la codicia de los países colonialistas. Holanda trasladó con éxito la planta a su colonia en Java, que se convirtió en líder en la producción mundial de la hoja de coca durante varias décadas. Los japoneses replicaron el experimento en Taiwán, pero después de la Segunda Guerra Mundial la producción en esas regiones se canceló, en parte por las políticas prohibicionistas mundiales. Desde entonces, el cultivo lo monopolizaron Perú, Bolivia y Colombia.

Uno de los primeros y más fervientes promotores de la planta fue el médico italiano Paolo Mantegazza. "Prefiero vivir diez años con coca que un millón de años sin ella", dijo en el siglo

> Los consumidores de cocaína aseguran que, por más que lo intentaron, jamás pudieron repetir la sensación placentera que descubrieron la primera vez que la aspiraron.

XIX este pionero de la farmacología al defender la utilidad de la hoja, que él mismo masticaba a diario. Entre 1859 y 1860 escribió los artículos "Sobre las virtudes higiénicas y medicinales de la coca y la nutrición nerviosa en general" y "Sobre la introducción en Europa de la coca, un nuevo alimento nervioso", en los que enumeró sus efectos positivos sobre el rendimiento físico y mental que provocaba. Mantegazza creía que las drogas podían mejorar a la humanidad.

En esos mismos años, un químico alemán llamado Albert Nieman decidió ampliar los experimentos con la planta y mezcló sus hojas con determinadas dosis de alcohol, ácido sulfúrico, bicarbonato de sodio y éter. Así, el farmacéutico logró aislar la cocaína, el principal alcaloide que contiene la hoja. El poderoso estimulante se puso de moda en las últimas décadas del siglo XIX para fabricar jarabes, pastillas, tés, gotas para los ojos, dulces, tónicos y elixires médicos.

Tanto fue el entusiasmo social despertado por la planta que el químico francés Angelo Mariani ganó en 1863 reconocimientos de la Academia de Medicina de Francia por haber inventado un vino que llevaba su apellido y que mezclaba vid de Burdeos con hojas de coca. La imagen del vino Mariani era, ni más ni menos que el papa León XIII, quien, al igual que la reina Victoria de Inglaterra, era un entusiasta consumidor de la popular bebida, luego prohibida y satanizada en el siglo XX. La droga también fue el ingrediente principal de la Coca-Cola, la bebida energizante que John Pemberton lanzó en 1886 y que hasta principios del siglo pasado tuvo un 4,5% de cocaína.

A la intensa campaña publicitaria se sumó Sigmund Freud. El creador del psicoanálisis, consumidor habitual de cocaína, la recomendaba como cura de la depresión y la impotencia sexual. En el artículo "Sobre la coca", escrito en 1884, la bautizó como una "sustancia mágica" que podría reemplazar al té y al café. Se equivocó. En 1914, la cocaína fue prohibida por completo en Estados Unidos y con el paso del tiempo terminó condenada en todo

¿Sabías que... Adolf Hitler se ponía gotas de cocaína en los ojos para tratar problemas oculares?

el mundo. Los resultados no fueron positivos. La producción de cocaína aumentó de acuerdo con la demanda y fue favorecida por los altos precios provocados justamente por su carácter de mercancía prohibida. Los narcotraficantes diversificaron sus productos derivados para aprovechar al máximo las ganancias y vender a todo tipo de público: a los ricos, la cocaína más pura, y a los pobres, la basura de la cocaína, mezclada con sustancias baratas, adictivas y, en muchos casos, mortales.

La manera más conocida de consumir cocaína es dividir el polvo blanco en delgadas líneas que se aspiran. El polvo se fabrica a partir de hojas de coca maceradas y mezcladas con acetona o éter, de lo que resulta una sustancia que se filtra y a la que luego se le añade etanol y ácido clorhídrico. El resultado es un clorhidrato de cocaína, que forma escamas casi transparentes que se molerán hasta convertirse en un polvo compacto que, generalmente, se empaca en forma de ladrillos. La pasta base o sulfato de cocaína es otra variante, que se fuma y se obtiene de la maceración de las hojas secas con agua caliente, ácido sulfúrico, permanganato potásico y amoníaco. Otras son el basuco, que es la pasta base más una dosis de gasolina, que también se fuma y se puede elaborar con sustancias de la peor calidad, como polvo de ladrillo e insecticidas, y el *freebase*, que se obtiene a partir del clorhidrato combinado con éter y calentado a 800°C. El derivado más peligroso es el *crack*, cocaína en piedra que se obtiene añadiendo amoníaco y bicarbonato sódico al clorhidrato, lo que forma una solución que se calienta a 98°C. Lo llaman "el sueño del traficante y la pesadilla del adicto" porque provoca un efecto inmediato y una acelerada dependencia en el consumidor, que no puede parar de fumarlo. Los traficantes ganan fortunas con sus leales y adictos clientes.

Los narcotraficantes, avezados empresarios, descubrieron muy pronto que, para hacer rendir su mercancía, podían hacer "cortes", lo que implica mezclar la cocaína pura con otras sustancias para engañar a los usuarios, que aspiran, fuman o se inyectan, sin saberlo, dosis mezcladas con talco, harina, leche en polvo, fárma-

En los años setenta estalló un "segundo *boom*" de la cocaína, droga que se puso de moda entre artistas, hombres de negocios y estudiantes en Estados Unidos. Los narcotraficantes colombianos invadieron Miami y fueron bautizados los "*cowboys* de la cocaína". Con el apoyo de sus socios estadounidenses, ganaron millones de dólares que impidieron que la recesión que atacaba al resto del país se sintiera en Florida. Compraron propiedades, yates y vehículos a granel. Instalaron bancos "fantasma" para lavar sus fortunas. Construyeron decenas de clubes nocturnos de lujo para su disfrute. Corrompieron a las fuerzas policíacas, a políticos. El ex pacífico balneario se convirtió en sede de ajustes de cuentas y la violencia se disparó a niveles históricos.

cos molidos, efedrina, anfetaminas o cafeína. En el talento para la combinación puede estar la mina de oro. Cuando llega a Estados Unidos, el kilogramo de cocaína vale 35.000 dólares, pero gracias al corte se pueden producir hasta cuatro kilogramos en su venta al menudeo, lo que se traduce en ganancias por más de 120.000 dólares. La larga cadena de las organizaciones criminales cuenta con "catadores" de cocaína que pueden descubrir su grado de pureza y, por lo tanto, su verdadero valor.

El mapa de sensaciones descrito por los consumidores de cocaína es diverso. Va de la euforia, bienestar y energía, hasta los nada placenteros insomnios, alucinaciones, delirios, psicosis y crisis de angustia. Infartos o muerte súbita son las consecuencias extremas en caso de sobredosis, pero su consumo cotidiano puede perforar el tabique nasal, provocar rinitis, hipertensión, arritmias, temblores y convulsiones.

Naciones Unidas, en su "Informe mundial de drogas" (2014), reportó indicios de que la producción de cocaína estaba disminuyendo a nivel mundial. La superficie cultivada estimada fue de 133.700 hectáreas, un 14% menos que la que había en 2011. Es la cifra más baja desde que en 1990 se comenzaron a elaborar este tipo de reportes. La incautación mundial de cocaína aumentó a 671 toneladas en 2012, frente a las 634 toneladas del año previo. Con un millón ochocientos mil consumidores, Estados Unidos sigue siendo el mayor mercado para la cocaína, pero, en un análisis regional, en Sudamérica hay una tendencia al alza, pues pasó de dos a tres millones trescientos mil consumidores entre 2004 y 2012.

En pocas palabras

Las ganancias millonarias que genera la cocaína son el factor principal que ayuda a la expansión de su producción y tráfico.

10. Opio y derivados

El opio y sus poderosos derivados, la morfina y la heroína, son las drogas más letales. Representan la primera causa de muerte por consumo de drogas en cincuenta y cinco países. De Australia a Eslovenia. De Turquía a Sudáfrica. El opio protagonizó la primera epidemia de la historia moderna vinculada con los estupefacientes. El combate y la prohibición de su cultivo con fines no médicos se intensificaron en el siglo XX, pero nada pudo terminar con un consumo que crece, se expande, invade mercados nuevos y cuyas multimillonarias ganancias hasta financian guerras.

La adormidera, una especie de amapola, guarda un valioso secreto.

Sus flores presumen de una colorida belleza que va del blanco al lila. Sus semillas son el ingrediente perfecto en la gastronomía. Su aceite puede ser utilizado para cocinar o fabricar jabones. El secreto prohibido está en la cápsula verde que queda cuando caen las flores. Pueblos antiguos descubrieron que de ella podían extraer una especie de látex blancuzco; al secarse, se convertía en una pasta oscura que después podía fumarse. La llamaron "opio".

La droga se popularizó en todas las culturas. La utilizaron chinos, egipcios, árabes, griegos y romanos, y durante siglos fue llevada como mercancía valiosa y legal de Oriente a Occidente. Los holandeses la introdujeron en su colonia en la isla de Java y la fumaron mezclada con tabaco. Los ingleses intensificaron su producción en su colonial India para invadir el mercado chino, que prohibía su producción, consumo y comercialización. La tensión entre chinos e ingleses provocó las dos Guerras del Opio en el siglo XIX, pero el triunfo le costó al Imperio británico la multiplicación de consumidores de opio en Londres, donde se vendía sin mayores controles, así fuera como analgésico o sedante, o simplemente para su uso recreativo. El opio reducía el dolor, creaba un estado simultáneo de ensoñación y vigilia, reducía el ritmo de las funciones vitales. En los casos extremos, el opiómano se convertía en un ser totalmente pasivo que vivía solo para fumar. La cura era compleja, porque implicaba una etapa de abstención en la que se padecía una especie de gripe larga, ansiedad, sudoración, pérdida de peso, escalofríos, insomnios, diarrea y convulsiones.

¿Sabías que... según la ONU, entre 28,6 y 38 millones de personas consumen opio y sus derivados en todo el mundo?

El farmacéutico alemán Friedrich Sertürner se convirtió en protagonista de la historia del opio en 1816, cuando logró aislar por primera vez el alcaloide principal y con mayores efectos narcóticos y analgésicos de la droga. Al ver que producía un sueño intenso, lo bautizó "morfina", en honor a Morfeo, el dios griego de los sueños. Su descubrimiento fue comercializado exitosamente como analgésico y se propagó masivamente tres décadas más tarde, gracias a la invención de las agujas hipodérmicas, que permitieron que los efectos de la morfina fueran más potentes e inmediatos, al ser inyectada, que los producidos por vía oral. La morfina fue una droga fundamental en todo tipo de guerras, pues ayudaba a los soldados a soportar el dolor de las heridas. También los convirtió en adictos.

A fines del siglo XIX, un nuevo hallazgo científico explotó todavía más la potencialidad del opio. En 1874, el químico inglés Charles Adler Wright aisló un nuevo opiáceo derivado de la morfina: la diacetilmorfina, que se hizo famosa desde entonces con el nombre de "heroína". Pasaron algunos años más para que el químico alemán Heinrich Dreser, que trabajaba para el laboratorio Bayer, perfeccionara el descubrimiento. "La heroína es una sustancia libre de propiedades formadoras de hábito, de muy fácil uso y, sobre todo, la única capaz de curar en poco tiempo a los morfinómanos", anunció el químico en un clima de euforia. La aspirina y la heroína, que era cinco veces más potente que la morfina, se convirtieron en medicamentos emblemáticos y la industria farmacéutica alemana se consolidó como la más adelantada de la época. Dreser y sus seguidores se habían equivocado. En pocos años comenzó a ser evidente el carácter altamente adictivo de la nueva droga, pero la demonización tardó en llegar por motivos de hipocresía cultural. A principios del siglo, por ejemplo, en Estados Unidos había unos trescientos mil opiómanos, entre ellos mujeres blancas de clase media, ex combatientes de guerras y médicos, que no eran vistos como criminales gracias a su condición social y a que conseguían su droga de manera legal. No había estigma, condena moral alguna. El opio se transformó en

El opio posee un contenido de morfina que, dependiendo de la calidad de la planta, oscila del 7,8 al 17%. Pero la adormidera cuenta, en menor intensidad, con otros opiáceos naturales, como la codeína, la papaverina, la tebaína y la noscapina. Los opioides sintéticos, como la metadona, son utilizados para elaborar drogas legales e ilegales.

una amenaza cuando los conservadores ligaron su consumo a la creciente migración china. Las luces de alerta se habían encendido. Con su tradicional política racista y discriminatoria, Estados Unidos impulsó las primeras conferencias internacionales para abordar "el problema de las drogas", aunque en realidad focalizaron los debates en el consumo de opio.

Las políticas prohibicionistas acallaron la euforia farmacológica desatada por el opio y sus derivados. La orden a principios de siglo fue controlar la producción con fines exclusivamente medicinales, cosa que jamás se logró. Siempre hubo factores sociopolíticos. Un caso emblemático fue lo ocurrido en Asia. En 1949, los comunistas chinos vencieron a las fuerzas nacionalistas del Kuomintang, que se refugiaron en el "Triángulo de Oro" formado por Birmania, Tailandia y Laos, desde donde los rebeldes continuaron luchando. Para financiar su guerra contra China, cobraron opio bruto como impuesto, lo que obligó a los campesinos a

Una vez hubo un rey del opio. Se llamó Khun Sa y fue el narcotraficante más importante del Sudeste asiático durante décadas. Lideró la producción de opio y sus derivados en el "Triángulo de Oro" y contó con la protección de un ejército de decenas de miles de hombres. Nacido en China en 1934, formó parte de las milicias del Kuomintang derrotadas por los comunistas chinos, las cuales siguieron peleando desde Birmania. Fue un rey que abdicó: en 1995 negoció con el gobierno de Birmania, entregó armas y anunció su retiro, a cambio de permanecer en el país bajo la protección de la junta militar. Desde entonces disfrutó la riqueza acumulada por la venta de drogas, pero el 27 de octubre de 2007 falleció luego de padecer una trombosis que le paralizó el cuerpo. A diferencia de la mayoría de los narcos occidentales, Khun Sa murió viejo, libre y millonario.

incrementar el cultivo de adormidera. Cuando vieron que no podrían ganar guerra alguna, decidieron aprovechar el lucrativo opio y produjeron morfina y heroína, que traficaron a los combatientes en Vietnam. Las autodefensas de Birmania que combatían al Kuomintang también se financiaron con el opio. El

> Los traficantes aumentan las ganancias de la heroína al mezclarla con otras sustancias, como azúcar, almidón o leche en polvo.

negocio siguió en manos rebeldes y de organizaciones criminales de todo tipo en los años setenta y ochenta, por lo que el "Triángulo de Oro" se convirtió en la principal región productora de opio del mundo. La mayor parte era transformada en heroína.

Para entonces, la heroína había sumado un nuevo y peligroso riesgo. Como se inyectaba, se transformó en la ruta ideal para propagar el VIH.

En Asia, la presión del gobierno chino logró que el "Triángulo de Oro" redujera la producción de opio y, por lo tanto, de sus derivados. Entre 1993 y 2003, la cosecha bajó drásticamente en Birmania y en Laos. En Tailandia prácticamente desapareció. La producción se trasladó a la "Media Luna de Oro": Afganistán, Irán y Pakistán, en donde el opio se convirtió, una vez más, en mercancía para financiar la guerra.

El "Informe mundial de drogas" confirmó en 2014 que Afganistán sigue siendo el principal país cultivador de adormidera del mundo, con un aumento de 154.000 a 209.000 hectáreas sembradas en solo un año. Los datos demostraron que la producción de heroína había vuelto a aumentar hasta alcanzar los altos niveles de 2008. La droga elaborada en Afganistán estaba abriendo nuevos mercados en Oceanía y Asia, además de que utilizaba la tradicional ruta de los Balcanes para abastecer al demandante mercado europeo.

En pocas palabras

El opio es una de las drogas más antiguas, aunque sus derivados, la morfina y la heroína, recién se desarrollaron en laboratorios en el siglo XIX.

11. Drogas de diseño

Las drogas sintéticas, conocidas también como "drogas de diseño", se convirtieron en la nueva mina de oro de los narcotraficantes gracias a lo fáciles que son de fabricar y transportar. Se elaboran a partir de diversas combinaciones de sustancias químicas, así que no requieren de grandes extensiones de cultivos naturales para obtener su materia prima, como ocurre con la marihuana, la cocaína y el opio: basta con montar laboratorios precarios. En algunos casos, las organizaciones criminales han aprovechado lagunas legales para comprar los mismos precursores químicos que utiliza la industria farmacéutica, para desviarlos a la producción de valiosos e ilegales estupefacientes.

Son las drogas del siglo XXI. Las más nuevas. Las más rentables. Las de moda.

Las "anfetaminas de tipo estimulante" y las "nuevas sustancias psicoactivas", como las identifica de manera formal la Organización de Naciones Unidas, se hicieron famosas a partir de, entre otras drogas, las metanfetaminas, que son más conocidas en las calles con nombres comerciales como "cristal" o "hielo". En un principio fueron asociadas solo a fiestas masivas maratónicas, pero después se convirtieron en una epidemia social con una clasificación compleja y cambiante debido a los permanentes experimentos realizados por los narcotraficantes con la inmensa variedad de precursores químicos que están al alcance de su mano.

El LSD o ácido lisérgico es un líquido que se impregna en pedacitos de papel, cubos de azúcar, dulces o láminas tipo estampillas. A veces tienen dibujitos, lo que hace que parezcan cualquier cosa menos una droga ilegal. Los usuarios se los colocan debajo de la lengua y esperan, porque los efectos demoran entre media y una hora en sentirse. Las sensaciones se replican por lo menos durante doce horas. Hay quienes se colocan el LSD en el ojo para que el "viaje" sea inmediato.

Un farmacéutico estadounidense llamado Gary Henderson fue el primero en utilizar, en los años sesenta, el nombre de "drogas de diseño" para referirse a los estupefacientes que se fabricaban en laboratorios clandestinos y que se "diseñaban" con diferentes precursores químicos para tratar de conseguir los mismos efectos estimulantes que las drogas de origen natural (cannabis, hoja de coca o adormidera). La mayor parte de las sustancias utilizadas habían sido creadas por grandes laboratorios farmacéuticos, que las descartaron por su alta toxicidad o ineficacia terapéutica. La ventaja para los narcotraficantes fue que, por ser nuevas, la mayoría de estas drogas no estaban sujetas a las cada vez más duras políticas prohibicionistas. No eran ilegales; en todo caso, desconocidas.

En 2009, la Organización de Naciones Unidas reportó una lista de 199 "sustancias psicoactivas nuevas", pero cuatro años más tarde ya eran 234, lo que confirma la tendencia creciente e imparable de las drogas sintéticas en el mercado ilegal.

Una de estas nuevas sustancias es muy popular. Su verdadero y complicado nombre es "metilendioximetanfetamina", pero fue sustituido por el comercial "éxtasis". El laboratorio alemán Merck la patentó en 1913, pero no la desarrolló ni le dio ninguna utilidad durante varias décadas, hasta que el químico estadounidense Alexander Shulgin experimentó con ella y la popularizó en los años setenta para tratar la depresión, entre otros padecimientos. La droga, tomada en forma de pastilla, se propagó rápidamente en el mercado ilegal gracias a sus efectos alucinógenos que agudizaban los sentidos.

Estos nuevos estupefacientes formaron parte del movimiento *rave*, que estalló en las discotecas de Inglaterra a fines de los años ochenta y que luego se replicó en Estados Unidos. Se trataba de fiestas multitudinarias de música electrónica que, al amparo de la consigna "paz, amor, unidad y respeto", rememoraban a los *hippies* de los años sesenta. El éxtasis se transformó en la droga preferida de las *raves*, ya que permitía que los participantes tuvieran la energía suficiente para entrar en trance con la música y bailar hasta el amanecer. El riesgo, desde entonces, fue el de sufrir crisis de agotamiento y deshidratación. Por eso, la huella que dejan estas fiestas es una alfombra de miles de botellas de agua vacías.

La ketamina fue otra droga que se expandió gracias a las *raves*. Había sido sintetizada en 1962 y utilizada principalmente en

¿Sabías que... la ONU calcula que hay alrededor de treinta y cuatro millones de consumidores de anfetaminas en el mundo?

la medicina veterinaria, pero luego fue distribuida para su uso recreativo e ilegal con los nombres de "*special* K", "vitamina K" o "polvo K". Es un polvo blanco que los usuarios suelen mezclar con marihuana, tabaco, cocaína, heroína e incluso éxtasis. Produce alucinaciones, pérdida del sentido del tiempo y sudor frío y los efectos pueden durar entre media y dos horas. Las sobredosis, comunes ante la subestimación de la droga, pueden provocar una reducción drástica y peligrosa de los niveles sanguíneos y respiratorios.

Hay drogas sintéticas que entrañan otro tipo de riesgos, sobre todo porque no se consumen de manera voluntaria. Es el caso del Rohypnol®, una sustancia suministrada principalmente a mujeres para que no puedan resistirse a una violación. Como los casos se multiplicaron en los años noventa, Estados Unidos optó por prohibir totalmente su importación. Los criminales lo sustituyeron por el clonazepam, otro fármaco hipnótico, más conocido como Rivotril®, que se puede obtener con receta médica.

También hay drogas semisintéticas con un aura casi mítica, como es el caso de la dietilamida de ácido lisérgico, el famoso LSD o simplemente "ácido", que con sus intensos efectos alucinógenos quedó ligado a la contracultura de los años sesenta. Esta droga había sido sintetizada desde fines de los años treinta por Albert Hoffman, un químico suizo que experimentó personalmente con ella. Hay incluso una fecha iniciática. El 19 de abril de 1943, Hoffman protagonizó el primer "viaje" de ácido de la historia. Y lo hizo, literalmente, en bicicleta. Había tomado 250 microgramos de LSD en su laboratorio para descubrir y analizar los efectos, pero de inmediato se sintió extraño, casi no podía hablar. Le pidió a su asistente que lo acompañara a su casa y se fueron en sus bicicletas, vehículo habitual en la época ante la falta de autos por la guerra. Las imágenes se distorsionaban, no sentía movimiento alguno, entró en un estado delirante pero tuvo rasgos de lucidez. Ya en su casa, las alucinaciones se multiplicaron, pero al otro día amaneció radiante, sin rastro alguno de resaca, salvo el cuerpo adolorido, lo que se compensaba con sensaciones placenteras

La historia de las drogas sintéticas involucra a personajes como Alexander Shulgin y Albert Hoffman, "padres" del éxtasis y del LSD. Los químicos creían que estas drogas podían ayudar a los seres humanos a atravesar fronteras de su conciencia y sanar padecimientos al lograr un mejor conocimiento de sí mismos. Además del éxtasis, Shulgin diseñó más de ciento cincuenta drogas y defendió el peyote, el cactus sagrado mexicano. "La mayoría de las drogas no son adictivas, y ciertamente no son escapistas, pero son herramientas valiosas para la comprensión de cómo funciona la mente humana", escribió. Ninguno fue criminalizado por sus descubrimientos. Hoffman, incluso, formó parte del Comité del Premio Nobel y la Academia Mundial de Ciencias. El consumo controlado de drogas sintéticas que hicieron durante toda su vida no afectó su longevidad: Shulgin murió a los 88 años, y Hoffman, a los 102.

que nunca antes había vivido. El LSD resultó ser una prometedora droga en tratamientos psicoterapéuticos, pero su uso recreativo y masificado por el movimiento *hippie* lo confinó a la lista de psicotrópicos prohibidos.

Drogas de diseño hay cientos, pero solo una es la verdadera estrella del siglo XXI: la metanfetamina. De las 144 toneladas de "anfetaminas de tipo estimulante" incautadas en 2012 en todo el mundo, el 80% estaba constituido por metanfetaminas, que ya provocaron una epidemia en Estados Unidos y que se expandieron con rapidez gracias a sus poderosos efectos adictivos. Blanca y cristalina, ya sea en polvo o cristalizada, fumada, inyectada o inhalada, la droga provoca una inmediata, pero efímera, sensación de bienestar, una mezcla de energía y confianza. Después viene la dependencia y el acelerado deterioro físico de los adictos. El combate a las metanfetaminas enfrenta un problema derivado del capitalismo, porque los precursores químicos que se necesitan para su elaboración, como las legales efedrina y pseudoefedrina, están presentes en los antigripales y descongestivos que se pueden conseguir sin receta en muchos países. A los criminales les basta robar cargamentos de medicinas o hacer compras "hormiga" en las farmacias para obtener sus precursores. Los laboratorios se han resistido a que las píldoras que contienen efedrina o pseudoefedrina se vendan con mayores controles porque ello hace peligrar sus ganancias. El "Informe mundial de drogas" reconoció en su edición de 2014 que es muy difícil cuantificar la fabricación mundial de las anfetaminas, aunque por las toneladas incautadas y los 12.857 laboratorios destruidos tan solo en Estados Unidos, se sospecha de un nuevo aumento en la producción.

Se han detectado, además, 251 "nuevas sustancias psicoactivas", una cifra que ya supera las 234 sustancias sujetas a fiscalización internacional, lo que demuestra que los narcotraficantes actúan con mayor creatividad y rapidez que las autoridades.

En pocas palabras

Las drogas de síntesis se han convertido en el nuevo desafío de las políticas prohibicionistas porque, como se desarrollan en laboratorios clandestinos, son muy difíciles de controlar.

Capítulo 4
Los capos

12. Los jefes

Los jefes de las organizaciones criminales dedicadas al narcotráfico son inteligentes, tienen mentalidad de empresarios y disfrutan el inmenso poder que les otorga el dinero. También son sanguinarios y no les importa asesinar a enemigos, rivales, traidores o víctimas inocentes. Algunos rozan el grado de psicópatas. En América Latina, la mayoría proviene de familias humildes y apenas si tuvo estudios primarios, pero también hay casos de jefes del narcotráfico de clase media con títulos universitarios. En Europa y Asia, algunos jefes representan a mafias con códigos ancestrales.

Manipuladores. Sanguinarios. Competitivos. Y en algunos casos, carismáticos.

Los perfiles criminales de los jefes del narcotráfico destacan una capacidad de liderazgo que los equipara con empresarios exitosos y legales. Como ellos, arriesgan negocios, calculan riesgos y emprenden proyectos. Premian la eficiencia, defienden su independencia y desarrollan un afecto especial por el poder. No sorprende que algunos capos hayan formado parte de la lista de multimillonarios de la influyente revista *Forbes*.

El "jefe de jefes", versión latinoamericana del "*capo di tutti capi*", disfruta su trabajo, a sabiendas de que dos de los destinos posibles son la muerte y la cárcel. Es ambicioso e impaciente. No puede, no quiere esperar para cumplir con sus altas aspiraciones económicas. La opción de estudiar y conseguir un trabajo legal es lejana, tanto por las condiciones sociales en las que crece como por su propia desesperación para comenzar a tener autos, propiedades, mujeres. No le gusta ser empleado, así que muy pronto se destaca en las organizaciones criminales, hasta encabezarlas o formar la propia.

En México, uno de los países más afectados por la violencia del narcotráfico a principios del siglo XXI, la historia de los capos legendarios comenzó con

> El pakistaní Haji Ehai Ibrahim es uno de los narcotraficantes fugitivos más buscados por Estados Unidos, que lo acusa de haber liderado el tráfico de heroína en la costa este. Se cree que escapó y se esconde en su país.

Miguel Ángel Félix Gallardo, el Padrino, que creó el cártel de Guadalajara en los años ochenta. Nació en Sinaloa en 1946 y de joven trabajó en la Policía Federal Judicial, pero muy pronto se pasó al otro bando. Su talento para los negocios le permitió asociarse a los cárteles colombianos para inundar de cocaína el demandante mercado estadounidense. En 1989 cesó la protección oficial conseguida con base en millonarios sobornos y fue detenido. En 2014, este lector voraz, fiel católico y padre de diecisiete hijos, seguía purgando, casi sordo, casi ciego, su pena en prisión.

Pese a que Estados Unidos es el país en el que circulan más drogas ilegales, nunca ha reportado la captura de algún gran capo local del narcotráfico. A mediados de 2014, Estados Unidos tenía una lista de 1248 prófugos vinculados con delitos de drogas en ese país, muchos de ellos considerados jefes, pero la inmensa mayoría de ellos eran mexicanos, negros o asiáticos, lo que contribuye a alimentar los prejuicios raciales.

Sinaloa ha sido tierra fértil para la aparición de otros capos famosos, como Joaquín "el Chapo" Guzmán y Amado Carrillo Fuentes, el Señor de los Cielos. En 2014, la DEA incluía en su lista de jefes más buscados del narcotráfico a Rafael Caro Quintero, uno de los narcotraficantes más viejos, fundador junto con el Padrino del cártel de Guadalajara. Detenido en 1985 por el asesinato de un agente encubierto de la DEA, Caro Quintero logró una polémica libertad en agosto de 2013, pero luego se emitió una nueva orden de aprehensión en su contra con fines de extradición a Estados Unidos. Como era de esperarse, a sus 61 años, se fugó. Todavía es buscado por Interpol.

Los hermanos Benjamín, Eduardo, Ramón, Francisco Javier y Francisco Rafael Arellano Félix, fundadores del cártel de Tijuana, son un caso aparte. Rompen los estereotipos de los capos mexicanos porque nacieron en una familia de clase media y urbana, no en el campo pobre, y algunos de ellos estudiaron carreras universitarias.

En Colombia, las definiciones de capo, jefe o patrón se asocian directamente con su narcotraficante más famoso: Pablo Escobar, el líder del cártel de Medellín abatido en 1993. Sus colegas durante la sangrienta era en que Colombia reinó en el tráfico de cocaí-

¿**Sabías que...** la recompensa más alta que ofrece la DEA es de 5 millones de dólares por la detención del capo mexicano Rafael Caro Quintero?

na fueron Gonzalo Rodríguez Gacha, caído en un enfrentamiento con fuerzas de seguridad en 1989, y los hermanos Ochoa Vásquez: Fabio, extraditado y condenado a treinta años en Estados Unidos, y Jorge Luis y Juan David, quienes gracias a un acuerdo con el gobierno se entregaron en 1991 y solo permanecieron poco más de cinco años en prisión. Jorge Luis sigue vivo, en libertad, sin causas pendientes. Juan David murió en 2013, libre, de un ataque al corazón. Otro capo del cártel de Medellín fue Carlos Lehder, quien compró una isla en las Bahamas para convertirla en escala de los cargamentos de drogas. En 1987 fue extraditado a Estados Unidos, en donde todavía cumple una condena de cincuenta y cinco años de prisión.

El cártel de Cali fue encabezado por los hermanos Rodríguez Orejuela, cuyo reinado terminó en 1995, cuando fueron detenidos en Colombia. Gilberto aprovechó su estadía en prisión para titularse en Filosofía e Historia. Aunque fueron liberados en 2002, un par de años después terminaron extraditados a Estados Unidos. Su fortuna sirvió para que algunos de sus hijos estudiaran en las prestigiosas universidades de Harvard y Stanford.

Muy lejos de México y Colombia, los capos de las mafias italianas desprecian valores ajenos y rescatan solamente los propios. Creen, según psiquiatras que los han estudiado, que actúan con base en el honor y la justicia, la rectitud y el equilibrio. Respetan la cohesión familiar como factor indispensable de la estructura criminal, pero, pragmáticos, rechazan el sentimentalismo. Son fríos, se sienten respetables y no cargan culpas por sus crímenes.

Del otro lado del mundo, existe otro tipo de jefes que han logrado protección oficial hasta su muerte. Como el birmano Lo Hsing Han, el Padrino de la Heroína, que controló el tráfico de esta droga en Asia en los años sesenta. Estuvo preso siete años, pero al salir, en 1980, construyó el millonario conglomerado empresarial Asia World. Murió en julio de 2013, a los 80 años, convertido en un respetable hombre de negocios. Igual que Khun Sa, el Rey del

Opio, amparado por el gobierno militar birmano, que murió a los 73 años, rico y en libertad.

En China, el secretismo es uno de los valiosos códigos de las tríadas, las mafias chinas surgidas en el siglo XVII, que se han expandido a Europa y América. La tríada Sun Yee On (Nueva Virtud y Paz) fue fundada en 1919 en Hong Kong por Heung Chin, de quien se sabe muy poco, y es probablemente la mafia más poderosa del mundo en el siglo XXI.

El período de poder de los capos del narcotráfico se ha reducido de manera drástica en Colombia. Los hermanos Gilberto y Miguel Rodríguez Orejuela reinaron en el cártel de Cali durante diecisiete años. Pablo Escobar fue el Patrón del cártel de Medellín quince años. En cambio, Orlando Henao, Juan Carlos Ramírez, Diego Montoya y Wilber Varela solo pudieron ejercer cinco años el liderazgo del cártel del Valle. Diego Murillo, don Berna, estuvo seis años al frente del cártel Oficina de Envigado. Sus sucesores apenas si permanecieron como jefes entre un año y medio y dos años. Las llamadas "bacrim" (bandas criminales emergentes) han registrado breves liderazgos de un año, porque los jefes son detenidos o asesinados en muy poco tiempo.

Entre los yakuza, mafias japonesas que datan, igual que las chinas, del siglo XVII, se ha logrado descubrir la sucesión de mando del clan más importante, el Yamaguchi-gumi, fundado por Harukichi Yamaguchi a principios del siglo XX, a quien sustituyó su hijo Noboru Yamaguchi. Fue el tercer líder, Kazuo Taoka, quien la consagró como la sociedad yakuza más importante al construir una estructura basada en la familia, lo que implica mayor lealtad. Uno de los últimos kumicho (padrinos) de esta organización, que tiene por lo menos quince mil miembros, fue Yoshinori Watanabe, un capo amante del golf y la historia china que solo terminó la secundaria en su región natal, Kanto. Cuando era adolescente, se mudó a Tokio y trabajó cocinando fideos chinos, pero un par de años después se fue a Kobe para sumergirse en el mundo yakuza, única organización criminal del mundo que permite el retiro de sus miembros. Watanabe se despidió voluntariamente como padrino en 2005. Murió siete años más tarde.

En pocas palabras

Los jefes del narcotráfico comparten características de carisma y liderazgo y se han convertido en leyendas sin importar la región del mundo en la que operen.

13. El Patrón

Pablo Escobar es uno de los principales mitos de la historia del crimen organizado en América Latina. Fue el hombre que impuso el narcoterrorismo, corrompió a políticos y policías, armó su propio ejército, ordenó magnicidios y miles de muertes durante una de las épocas más tristes sufridas por los colombianos. Pero también jugó a ser un Robin Hood moderno. Hubo ciudadanos que creyeron ese papel y, por eso, todavía hoy lo veneran, lo recuerdan y lo extrañan.

El hombre yacía ensangrentado. Su cuerpo de 1,70 metros, abatido la tarde de ese 2 de diciembre de 1993, se recostaba en las desordenadas tejas del techo en donde había sido acribillado. El rostro era una mezcla de largos y ensortijados cabellos, barba y abundante bigote, teñido todo de escarlata. La camiseta azul marino, levantada casi hasta el pecho, dejaba al descubierto su prominente abdomen. El pantalón vaquero azul claro, enrollado, permitía mirar sus pies descalzos. Tanto había sido el apuro por escapar, que el hombre no alcanzó ni siquiera a ponerse sus zapatillas. Terminó ahí, tirado en el techo de una casa en Medellín, inmortalizado en una fotografía como un trofeo.

Para muchos lo era, porque la imagen de Pablo Emilio Escobar Gaviria muerto ponía fin a la historia del Patrón del narcotráfico en Colombia.

Mucha sangre antes que la de él había corrido para que el segundo de los siete hijos que tuvieron el agricultor Abel de Jesús Escobar Echeverri y la maestra de primaria Hermilda de los Dolores Gaviria se convirtiera en una leyenda. Nacido el 1º de diciembre de 1949 en Rionegro, una ciudad del departamento de Antioquia, Pablo se mudó doce años más tarde junto con su familia a Envigado, en donde muy pronto demostró su visión para los negocios. De adolescente, alquilaba bicicletas y revistas, vendía lápidas en los pueblos, repartía directorios telefónicos. Luego comenzó a robar como un carterista más del montón. Cuando estaba por cumplir 20 años, ávido de aprender, se alistó como guardaespaldas de Alfredo Gómez, máximo jefe del contrabando en esa época.

¿Sabías que... a principios de los años ochenta Pablo Escobar ya ganaba medio millón de dólares diarios por traficar cocaína a Estados Unidos?

También tomó "clases" con Griselda Blanco, la Reina de la Cocaína, que controlaba el ingreso de drogas en Estados Unidos.

Los problemas con la justicia aparecieron pronto, pero fueron menores. En 1976 fue detenido en dos ocasiones por conducir un auto robado y por traficar cocaína. En ambos casos, los expedientes se archivaron. Escobar siguió en libertad, construyendo, de manera simultánea, su carrera criminal y una familia, pues se casó con Victoria Henao, una jovencita de apenas 15 años. Al año de la boda nació su primogénito, Juan Pablo. Fue la época en la que Escobar comenzó a controlar desde Medellín el tráfico de cocaína hacia Estados Unidos.

Muy pronto llegaron los millones de dólares. En 1978, el Patrón compró Nápoles, una fastuosa hacienda con comedor para sesenta personas, zoológico, caballerizas y hangar incluidos. Regaló casas y autos a sus amigos, y dinero en efectivo a los pobres. Como no le importaba mostrarse en público, se presentó como un líder populista en barrios carenciados, en los que pagaba la construcción de casas y de canchas de fútbol.

El secuestro de Marta Nieves, hermana de Jorge Luis, Juan David y Fabio Ochoa, socios de Escobar, consolidó su poder. En una reunión en la hacienda Nápoles, doscientos narcotraficantes cerraron filas en torno de Escobar y financiaron

> La figura de Pablo Escobar sigue generando polémicas, sobre todo mediáticas, entre quienes lo describen como un psicópata frío, manipulador, monstruoso, infiel, despiadado, cruel, vanidoso y excéntrico, y un sector minoritario de colombianos que justifica sus crímenes.

la creación de Muerte a los Secuestradores, MAS, el grupo que impulsó el paramilitarismo en Colombia. La liberación de Marta Nieves, en febrero de 1982, fue sangrienta, pero apuntaló la supremacía de lo que a partir de entonces se conocería como "cártel de Medellín".

Escobar quería reconocimiento social y creyó que lo lograría desde la política. Luis Carlos Galán impidió su entrada en el partido Nuevo Liberalismo, así que utilizó a otro político, Jairo Ortega, para ingresar en 1982 como suplente en la Cámara de Representantes al amparo del oportunista movimiento Alternativa Liberal. A los 32 años, el capo se transformó en un famoso dirigente político que en octubre viajó a España para participar en la toma de posesión de Felipe González. Luego hizo una gira turística en Estados Unidos, en donde visitó el museo del FBI en Washington y posó frente a la Casa Blanca.

Confiado en su impunidad, Escobar creyó que, algún día, podría ganar la presidencia de Colombia.

La bonanza de popularidad del Patrón duró poco, porque la cadena británica BBC denunció en 1983 que el carismático dirigente era, en realidad, un narcotraficante con una fortuna de 2000 millones de dólares. El diario *El Espectador*, de Bogotá, rescató la nota de aquel lejano arresto de 1976 en el que se lo acusaba de traficar cocaína. Su director, Guillermo Cano, sería asesinado. Escobar negó todo, hasta mostró su visa estadounidense como prueba de su honorabilidad, pero al día siguiente del escándalo le fue cancelada. El 20 de octubre, finalmente, anunció su retiro de la política, aunque prometió seguir "en la lucha franca contra las oligarquías y las injusticias y contra los conciliábulos partidistas, autores del drama eterno de las burlas al pueblo".

Pablo Escobar impuso nuevas formas de cultura criminal en Colombia. A partir de su liderazgo en el cártel de Medellín, proliferaron los sicarios y el exhibicionismo de riquezas acumuladas en muy poco tiempo. Los nuevos ricos recorrieron las ciudades en sus autos lujosos, blindados e importados, acompañados de guardaespaldas a los que no les importaba mostrar, o utilizar, sus armas. El sistema judicial tuvo que ser cambiado para ajustarse a los pasos de un criminal que no dejó gobernar a tres presidentes. Con él a cargo del narcotráfico, la cocaína sustituyó al café como el principal producto colombiano conocido a nivel internacional. Desde entonces, Colombia carga con ese estigma.

En marzo de 1984, el ministro de Justicia, Rodrigo Lara Bonilla, destruyó Tranquilandia, el mayor laboratorio de procesamiento de cocaína montado por el cártel de Medellín. Fue su sentencia a muerte. El 30 de abril, el ministro fue asesinado por sicarios. Para entonces, la banda de Escobar ya controlaba el 80% de la cocaína que llegaba a Estados Unidos, lo que aceleró la aprobación de una ley resistida por "los Extraditables", grupo que encabezaba Escobar y del que formaban parte otros jefes narcotraficantes que no querían purgar penas en Estados Unidos.

> La esposa de Pablo Escobar y sus dos hijos se refugiaron desde mediados de los años noventa en Argentina, en donde manejan prósperas empresas amparados en nuevas identidades.

Fueron años turbulentos, plagados de violencia. El cártel de Medellín hizo estallar coches bomba en las principales ciudades y asesinó sin miramientos a todo aquel al que consideraba enemigo. Le declaró la guerra al gobierno, la oligarquía, los periodistas, los jueces, los sindicalistas. El 18 de agosto de 1989, el asesinato del candidato presidencial Luis Carlos Galán conmocionó a Colombia. Fue un momento de inflexión. Había que detener a Escobar. Acorralado, el Patrón continuó su escalada. Dinamitó los diarios *El Espectador* y *Vanguardia Liberal* y ofreció recompensas por el asesinato de policías, pero finalmente aceptó negociar su entrega al gobierno de César Gaviria a cambio de confesar un delito cometido en Colombia, lo que evitaría su extradición.

El 20 de junio de 1991 pareció un día luminoso para la justicia en Colombia. En verdad, fue una trampa. Escobar se entregó y fue llevado a "la Catedral", una cárcel cuya construcción él mismo había financiado. Una vez "preso", mandó construir dos casas de campo, instaló gimnasio, *jacuzzis*, televisores, heladeras, camas matrimoniales y un billar. Seleccionó a los guardias penitenciarios que permitían el libre ingreso y salida de sus amigos y familiares. Las fiestas orgiásticas se convirtieron en algo cotidiano en el penal y fueron alternadas con fiestas familiares, como el cumpleaños de Escobar, el 1º de diciembre, y la Navidad de ese año. De tan obsceno, el "encierro" del capo era insostenible. El 21 de julio de 1992, cuando las fuerzas de seguridad estaban por llevarlo a otra prisión, escapó. Sus enemigos se aliaron en un grupo que llamaron "los Pepes" (Perseguidos por Pablo Escobar) y cerraron el cerco a su alrededor bajo sangrientos e ilegales mecanismos que el gobierno no impugnó, porque consideraba que lo más importante era capturar al fugitivo.

La debilidad por su familia le costaría cara a Escobar. El 1º de diciembre de 1993 había cumplido 44 años escondido en una casa de Medellín, resguardado solo por un último y leal guardaespaldas. Al día siguiente, el Patrón se desobedeció a sí mismo y llamó varias veces a su esposa y a su hijo, lo que permitió que el Bloque de Búsqueda, creado ex profeso para encontrarlo, detectara la señal del teléfono. Todavía estaba hablando cuando escuchó una explosión y corrió hacia el techo. No pudo escapar de las balas.

El sepelio de Escobar fue multitudinario. "Pablo, te queremos", "Pablo, amigo, el pueblo está contigo", gritaba la gente agradecida por algún favor recibido. El epitafio escrito en la placa de mármol de su tumba resumió: "Aquí yace Pablo Emilio Escobar, un rey sin corona".

En pocas palabras
El poder que acumuló Pablo Escobar en Colombia le permitió convertirse en uno de los capos más importantes de la historia del narcotráfico.

14. El Señor de los Cielos

El narcotráfico mexicano cambió radicalmente con Amado Carrillo Fuentes, un capo que, con visión empresarial, expandió su imperio más allá de las fronteras. Se "globalizó", acorde con la época, al aliarse con los cárteles colombianos, financiar la producción de hojas de coca en Perú y Bolivia, construir almacenes de drogas en Centroamérica y lavar dinero en Sudamérica. Su ambición lo llevó a coleccionar su propia flota de aviones para el tráfico de drogas, lo que le permitió convertirse en una leyenda: en el Señor de los Cielos.

Amado Carrillo Fuentes tuvo una muerte original.

No hubo un tiroteo con la policía. Tampoco fue ejecutado por sus enemigos. Murió el 4 de julio de 1997, acostado en una cama de hospital, después de haberse sometido a una cirugía plástica que formaba parte de un plan magistral para cambiar de rostro, de nombre y de país. Quería escapar, ser otro sin dejar de ser él mismo: el jefe del cártel de Juárez. Casi lo logró. Salió vivo de la operación pero, horas después, sufrió los efectos letales de una combinación de medicamentos con el sedante que tomaba hacía años para poder dormir. Nunca más despertó.

> Amado Carrillo Fuentes se convirtió en el líder máximo del cártel de Juárez en México en 1993, el mismo año en el que Pablo Escobar fue asesinado en Colombia. El Señor de los Cielos sustituyó al Patrón como el capo más buscado por la DEA. Como los grandes cárteles colombianos desaparecieron, su lugar fue ocupado a partir de entonces por las organizaciones criminales de México, que acrecentaron su presencia en el mercado estadounidense.

Había nacido cuarenta y dos años antes, el 17 de diciembre de 1954, en Navolato, Sinaloa, el estado mexicano cuna de algunos de los jefes del narcotráfico más importantes de la historia. Fue el mayor de los ocho hijos de los comerciantes Vicente Carrillo y Aurora Fuentes, y sobrino de Ernesto Fonseca Carrillo, más conocido como don Neto, uno de los fundadores del cártel de Guadala-

¿Sabías que... Amado Carrillo Fuentes repartía 5 millones de dólares mensuales de sobornos a policías, políticos y militares?

jara. Cuando la familia Carrillo Fuentes se mudó a Guamuchilito, Amado entró en contacto con la producción y tráfico de marihuana típica de una región que durante el siglo pasado se convirtió en ruta obligada para el tráfico de drogas, pero no se involucró de inmediato en el negocio. Primero trabajó en la Dirección Federal de Seguridad, el organismo de inteligencia del Estado mexicano, a las órdenes de Rafael Aguilar Guajardo, el comandante que mutaría en jefe narco.

Un joven Carrillo Fuentes se negó muy pronto a ejercer cualquier actividad legal. Comenzó a robar autos y se sumó al cártel de Guadalajara, que lideraba Miguel Ángel Félix Gallardo, el Padrino, que le fue abriendo las puertas de la organización hasta mandarlo a supervisar los cargamentos de cocaína y marihuana que atravesaban la frontera con Estados Unidos. Luego se convirtió en guardaespaldas de Pablo Acosta Villarreal, otro importante jefe narco de la época, asesinado en 1987. Amado tomó su lugar. Asumió el control de la producción y tráfico de marihuana en Sonora y Chihuahua y se alió con su ex jefe y mentor, Aguilar Guajardo. Mientras se hacía un lugar en el complejo mundo del crimen organizado, Carrillo Fuentes se dio tiempo para formar sus familias. Se casó con Candelaria Leyva, madre de sus primeros cuatro hijos, pero después se divorció para casarse con Sonia Barragán, con quien tuvo otros seis hijos.

A fines de los ochenta, el narcotraficante tomó la decisión que lo convertiría en un mito. Compró una flota de aviones y creó la empresa Taxi Aéreo del Centro Norte (Taxceno) para simular vuelos de carga legales. Intensificó el tráfico aéreo de drogas, controló aeropuertos y construyó pistas clandestinas. El Señor de los Cielos, como se lo conocería desde entonces, comenzó a ganar millones de dólares, compró autos, casas y trajes de marca. El 7 de julio de 1989, su exitosa carrera criminal estuvo a punto de terminar cuando fue capturado en una fiesta que había organizado en Sinaloa. La tortura a la que fue sometido se interrumpió solo gracias a la intervención de un sargento sobornado que estaba a su servicio. Carrillo Fuentes tuvo que permanecer nueve meses en una cárcel del Distrito Federal. Pero a los narcotraficantes, es bien sabido, no les gusta pasarla mal en prisión. El Señor pagó por privilegios impensados para cualquier delincuente común, como celdas reconvertidas en lujosas habitaciones, cuarto para televisión, cocina privada y mesas de juego.

> El Señor de los Cielos no quería poder político ni reconocimiento social. Quería solamente el poder que le daba el dinero.

La tortura y la detención no lo amedrentaron. En 1990, Carrillo Fuentes quedó en libertad, retomó su trabajo criminal con renovado impulso y aumentó la frecuencia de vuelos para cargar en Colombia la cocaína que le proveían sus socios. En cada uno de los cinco viajes que hacía al mes, ganaba 30 millones de dólares. En 1993, el asesinato de Aguilar Guajardo en Cancún no fue una mala noticia. A sus 39 años, el Señor quedaba como jefe máximo del cártel de Juárez.

Era una época en la que el crimen organizado se estaba transformando en México. Se multiplicaban los cárteles y, por lo tanto, la pelea por los territorios. A Carrillo Fuentes no le iba a ser tan fácil erigirse como jefe. El 24 de noviembre de 1993, sicarios del cártel de Tijuana intentaron balearlo mientras cenaba con su esposa en un restaurante de la Ciudad de México. Se salvó, pero a cambio tuvo que ceder la privacidad y la discreción con las que siempre se había manejado. La prensa mostró el rostro del Señor de los Cielos y reveló que era un temible capo del narcotráfico. Ante el temor de otros atentados, nunca más volvió a dormir dos noches seguidas en el mismo lugar. Como la tensión le provocaba insomnio, comenzó a tomar Dormicum®, el sedante que, pocos años después, sería uno de los motivos de su muerte.

Con Carrillo Fuentes como líder, el cártel de Juárez expandió sus operaciones a otros países y fortaleció su negocio criminal a un nivel que encendió la alarma en Estados Unidos, país que en 1996 solicitó su captura y extradición. El Señor, acosado, emprendió un largo viaje por Sudamérica para lavar millones de dólares, pero, sobre todo, con el plan de encontrar el refugio ideal. Apenas si volvió a México el 4 de enero de 1997 para asistir a la boda de su hermana Aurora en Culiacán, pero tuvo que escapar en plena ceremonia, cuando le avisaron que un operativo militar

La muerte de Amado Carrillo Fuentes no significó el fin del cártel de Juárez, que se fortaleció como una organización criminal familiar. Su hermano Vicente, alias "el Viceroy", capturado en octubre de 2014, fue uno de los narcotraficantes más buscados por las autoridades mexicanas desde que en 1997 asumió el liderazgo de lo que hoy se conoce como "nuevo cártel de Juárez", organización que disputa a sangre y fuego el control de diversas ciudades del país. Alberto, otro de los hermanos Carrillo Fuentes, apodado "Betty, la Fea", fue capturado en septiembre de 2013. José, el menor de la familia, fue reportado como desaparecido desde el año 2008. El hijo del Señor de los Cielos, Vicente Carrillo Leyva, un joven ingeniero titulado en universidades privadas de Suiza y España, fue detenido en abril de 2009, acusado de utilizar una identificación oficial falsa. Luego se le agregaron los cargos de acopio de armas, transporte de coca y lavado de dinero.

estaba yendo por él. Cubierto con un pasaporte a nombre de Jesús Arriaga Rangel, continuó sus viajes en Chile, Argentina, Brasil y Uruguay. Compró autos, casas, departamentos, haciendas. Viajando, se enteró de la detención de José de Jesús Gutiérrez Rebollo, el zar antidrogas mexicano al que sobornaba con millones de dólares a cambio de protección. Resolvió que solo regresaría a México para cambiar su rostro por completo y construirse una nueva identidad.

La mañana del 4 de julio de 1997, Carrillo Fuentes se internó en un lujoso hospital de la ciudad de México con un nombre falso. La operación fue larga, pero exitosa. Por la noche, ya fuera del quirófano, se le suministró una combinación de anestésicos y ansiolíticos que le provocaron un paro cardíaco, una muerte inesperada. El periplo que siguió a su muerte fue digno de una sátira de humor negro. Los tres cirujanos plásticos sintieron pánico (con razón: todos fueron asesinados meses después), miembros del cártel de Juárez lograron que el cuerpo fuera enviado a escondidas en un avión comercial a Culiacán, hasta donde viajaron funcionarios mexicanos que lo secuestraron en pleno velorio en medio de tironeos, gritos y golpes de la madre de Carrillo Fuentes.

Tenían la orden de llevarlo de regreso al D.F. para identificarlo oficialmente. El 10 de julio, por fin, la familia se pudo llevar el cadáver embalsamado para enterrarlo en su Sinaloa natal. No faltó el elegante velorio, la conmovedora misa y el llanto colectivo de amigos, familiares o simples curiosos. No faltaron, tampoco, quienes prefirieron creer que el plan del Señor fue exitoso y todavía vive, millonario y con otro rostro, en algún lugar desconocido.

En pocas palabras
Amado Carrillo Fuentes fue el traficante mexicano más importante en la década de los noventa porque consolidó el poder del cártel de Juárez como proveedor de drogas en Estados Unidos.

15. Joaquín "el Chapo" Guzmán

Joaquín Archivaldo Guzmán Loera, más conocido como el Chapo Guzmán, transformó al cártel de Sinaloa en la organización criminal más poderosa de América Latina a principios del siglo XXI. Formado desde niño en la producción y tráfico de drogas, logró expandir el cártel por el mundo, a imagen y semejanza de cualquier exitosa empresa trasnacional. La revista *Forbes* reconoció su talento para los negocios al incluirlo en su famosa lista anual de personajes millonarios y poderosos. Llegó a ser el criminal más buscado en el mundo, apenas por detrás de Osama bin Laden, pero su suerte terminó en febrero de 2014, cuando el gobierno mexicano lo detuvo, por fin, en su Sinaloa natal.

Los jefes del narcotráfico no deberían hablar por teléfono.

Esa parece ser la lección de los casos de Pablo Escobar y de Joaquín Guzmán, los capos de Colombia y México localizados gracias al rastreo de sus llamadas. Escobar murió acribillado en 1993, mientras intentaba escapar. Una década más tarde, el Chapo no tuvo más alternativa que rendirse ante los efectivos de Marina que allanaron el departamento en el que se escondía junto con su esposa y sus dos hijas.

En 2001, el Chapo se convirtió en el segundo criminal más buscado del mundo después de Osama bin Laden. La DEA ofreció 5 millones de dólares por su captura.

El operativo, realizado el 22 de febrero de 2014, permitió mostrar horas después como un preciado botín de guerra a un hombre de 56 años que se había convertido en una de las leyendas del crimen organizado a escala mundial.

Nacido el 4 de abril de 1957 en La Tuna, Sinaloa, Guzmán se involucró desde niño en la siembra y tráfico de opio que realizaba principalmente su padre, Emilio Guzmán Bustillos, mientras su madre, María Consuelo Loera Pérez, cuidaba a los once hijos que habían tenido en un estado en el que el narcotráfico no era un estigma sino apenas una alternativa a la pobreza a la que estaba destinada la mayoría de sus habitantes. Joaquín estudió sólo hasta tercero de primaria y después se fue al campo con su padre y con su abuelo para sumarse al negocio familiar. En la adolescencia, de manera natural, casi obvia, se acercó a Miguel Ángel Félix Gallardo, el Padrino del cártel de Guadalajara que controlaba el narcotráfico en el país.

A los 20 años, este hombre de 1,68 metros de estatura, ojos marrones, tez blanca, cara cuadrada, cejas pobladas y nariz recta, se casó con María Alejandrina Salazar Hernández (con quien tendría cinco hijos) y comenzó a trabajar como guardaespaldas del Padrino. Pocos años después, ya se había ganado la confianza del jefe y era uno de sus colaboradores cercanos. Con su carrera criminal en crecimiento, el Chapo se divorció para casarse con otra mujer, Griselda López Pérez, con quien tuvo otros cuatro hijos. A fines de los noventa, la detención del Padrino modificó el mapa del crimen organizado en México. El cártel de Guadalajara desapareció y la herencia de territorios desató una disputa a la que Guzmán se sumaría con la creación del cártel de Sinaloa.

La guerra fue sangrienta. El 24 de mayo de 1993, el cártel de Tijuana asesinó a un influyente cardenal mexicano al que había confundido con el Chapo. El nombre de Joaquín Guzmán saltó a la fama y solo dos semanas después fue detenido en Guatemala, deportado a México y llevado a una cárcel en el estado de México. "Soy agricultor", aseguró este hombre cuando fue presentado ante la prensa, con las manos esposadas al frente. En 1995 fue trasladado a Jalisco, a un penal "de máxima seguridad", calificación que pareció una ironía cuando, años más tarde, se supo que desde su celda el Chapo había seguido manejando los negocios del cártel de Sinaloa. Gracias a los sobornos que pagaba, podía hacer fiestas cuando quería. Invitaba a mujeres, introducía cajas de los mejores vinos, *whiskies* y rones, organizaba cenas lujosas y lograba que entraran mariachis para animar las celebraciones. Hasta tuvo tiempo para mantener una aventura con Zulema Her-

> Los exámenes psiquiátricos que se le hicieron al Chapo en prisión descubrieron a un hombre "cuyas funciones mentales se encuentran dentro de los parámetros normales, de peligrosidad media y que conoce la trascendencia moral de sus actos". También se lo describió como egocéntrico, narcisista, astuto, perseverante, eficaz, selectivo, hermético, ingenioso, manipulador, encantador y seductor. Características que explicaron su éxito como capo del narcotráfico.

¿Sabías que... entre 1990 y 2008 el cártel de Sinaloa traficó y distribuyó al menos 200 toneladas de cocaína en Estados Unidos?

nández, una de las cinco únicas mujeres presas en el penal, quien ya en libertad mostraría las cariñosas y apasionadas cartas de amor que le había enviado el Chapo.

El capo decidió fugarse después de siete años y medio de encierro, cuando aumentó el riesgo de una extradición que lo llevaría a una cárcel en Estados Unidos. La versión oficial contó una historia de complicidad con los guardias, que le permitieron salir escondido en un carrito de lavandería como si fuera apenas un montón de ropa sucia que llevaba un guardia apodado "el Chito". Una vez fuera del penal, ambos se subieron a un auto y en las cercanías de Guadalajara el Chapo le pidió a su cómplice que bajara a comprarle agua porque tenía sed. Cuando el Chito volvió, el jefe había desaparecido. Según la versión extraoficial, jamás reconocida por las autoridades, Guzmán salió a pie de la cárcel, escoltado como si fuera un funcionario, hasta que se subió a un helicóptero. La fuga desató un escándalo porque demostró, una vez más, la corrupción e impunidad reinantes en México, y alimentó los rumores de que el derechista Partido Acción Nacional (PAN), que recién comenzaba a gobernar, había hecho un acuerdo para proteger al cártel de Sinaloa.

El hecho concreto es que, a partir de entonces, el Chapo fortaleció al cártel con el apoyo de socios sanguinarios. Expandió su influencia en decenas de estados mexicanos, a los que viajaba, a veces disfrazado de cura o de militar, para controlar el traslado de cocaína, la producción de marihuana, de heroína y, en los últimos años, de las codiciadas metanfetaminas. Con ingenio, mandó construir túneles de cientos de metros que atravesaban la frontera entre México y Estados Unidos. Instaló células del cártel en más de cincuenta países en Asia, América Latina, Europa y África para lavar dinero, importar efedrina o descubrir nuevas rutas para el narcotráfico. Construyó un imperio internacional con una fuerte estructura familiar, porque en la banda trabajaban sus hermanos, primos e hijos.

Los enemigos de otros cárteles jamás cesaron su acoso. Entre diciembre de 2004 y los primeros nueve meses de 2005, un hermano del Chapo fue asesinado en la cárcel y otro terminó detenido, al igual que uno de sus hijos, Iván Archivaldo, quien tres años más tarde fue absuelto del delito de lavado de dinero por falta de pruebas. El 8 de mayo de 2008, el Chapo sufrió un duro golpe con el asesinato de su hijo Edgar Guzmán López, un joven de 22 años que cursaba la carrera de Administración en la Universidad Autónoma de Sinaloa. Ese día, las flores se agotaron en Culiacán y terminaron en el velorio del hijo del gran capo.

Guzmán siempre tuvo tiempo para el amor. El 2 de julio de 2007 se casó por tercera vez, con Emma Coronel Aispuro, una joven reina de belleza. Ella tenía 18 años y él, 50. En 2011, ella viajaría a Estados Unidos para dar a luz a las gemelas María Joaquina y Emali.

Cuando nacieron sus hijas, el Chapo ya había aparecido por tres años consecutivos en la lista de *Forbes*, al lado de figuras como Barack Obama o Bill Gates. La revista aseguraba que había traficado a Estados Unidos cargamentos de drogas valuados, como mínimo, en 6000 millones de dólares. La inclusión del narcotraficante, que desató airadas pero inútiles protestas del gobierno mexicano, solo sirvió para alimentar aún más la leyenda de un criminal que parecía omnipresente. Todos lo habían visto en todos lados, pero la policía mexicana no podía capturarlo. El pre-

"¡Hola, corazón! No sabes cómo he hecho la lucha por entrevistarme contigo pero te tienen demasiado vigilada, hasta llego a pensar que de alguna manera se enteraron o le hicieron saber al nuevo director y aunque en partes como que quiere jalar y en otras de plano nomás me trae a que más adelantito y de ahí no pasa. Amor, se acercan ya las fiestas navideñas y nada me haría más feliz que estar cerca de tu persona, de tu piel y de tus labios, pero todo es incierto y aunque no quito el dedo del renglón en verte no quiero prometerte ya que sería tal día porque luego me quedan mal. Me despido enviándote todo mi más grande sentimiento que puede sentir el hombre por una mujer que ama. De pronto puede haber una excelente sorpresa. Te amo. JGL."

EXTRACTO DE LAS CARTAS QUE EL CHAPO MANDABA ESCRIBIR PARA SU AMANTE ZULEMA CUANDO AMBOS ESTABAN EN PRISIÓN, PUBLICADAS POR EL PERIODISTA MEXICANO JULIO SCHERER GARCÍA

sidente de Guatemala, Álvaro Colom, aseguró que el Chapo había estado en su país y en Honduras. Otros testigos lo ubicaron en diferentes ciudades de México, Estados Unidos y España. Fuentes de la DEA aseguraron que en 2011 había viajado a Argentina.

La suerte, o protección, de la que el Chapo gozó durante los casi trece años que habían pasado desde su fuga, se terminó al amanecer de un sábado en Mazatlán, cuando elementos de la Marina rodearon el edificio en el que se refugiaba. Ni siquiera tuvieron que disparar, porque el capo se rindió desde el baño en el que se había escondido cuando se dio cuenta del operativo. Estaba más gordo, avejentado y disminuido que desde aquella vez en la que había declarado que era un simple agricultor.

En pocas palabras

Joaquín "el Chapo" Guzmán fue uno de los líderes más importantes del narcotráfico gracias a la manera en que amplió las operaciones del cártel de Sinaloa por todo el mundo.

16. Las jefas

Las mujeres vinculadas al crimen organizado han cumplido los roles tradicionales impuestos por un mundo machista y misógino. Han sido madres protectoras y defensoras, hermanas leales, esposas abnegadas, amantes dispuestas, vírgenes ofrecidas como trofeo. Pero también han roto estereotipos y modificado relaciones de poder hasta involucrarse directamente en un negocio peligroso que, según la mirada prejuiciosa, solo podían o debían manejar los hombres. Inteligentes, sagaces, valientes, sanguinarias, ambiciosas y controladoras, algunas han llegado a ser, directamente, las jefas.

Se llamaba Griselda Blanco y le decían "la Madrina".

Para que no quedaran dudas del sentido de su apodo, ella misma bautizó a uno de sus hijos como Michael Corleone. Fue un homenaje al mundo criminal en el que se abrió paso desde muy joven en su Cartagena natal. Blanco había nacido el 15 de febrero de 1943, en plena era de la violencia colombiana. Desde su entorno plagado de miseria vivió la muerte, los asesinatos, como algo cotidiano, y sufrió en carne propia maltratos familiares que la llevaron a ejercer la prostitución y a robar cuando todavía era una niña.

José Darío Trujillo apareció en su vida cuando ella tenía 14 años. Se casaron y, a su lado, Blanco conoció el crimen en otra escala, lejos de las raterías que había cometido hasta entonces en las calles. Trujillo ya traficaba cocaína a Estados Unidos, aunque todavía no en grandes cargamentos. La pareja tuvo tres hijos, pero el hombre murió en 1973 baleado a quemarropa. Blanco se casó luego con Luis Alberto Bravo, otro traficante con el que abrió el mercado de la cocaína en Nueva York. Allí se reveló como eficaz empresaria. Se convirtió en "la Madrina". Narcos legendarios como Pablo Escobar o Carlos Lehder viajaron para visitarla, para aprender de ella. La admiraban. Su liderazgo provocó los celos de Bravo, lo que desató violentas peleas conyugales. En 1975, refugiados ambos en Bogotá, se enfrentaron a tiros. Ella quedó herida con una bala en el estómago. Él fue enterrado. Su tercer marido, Darío Sepúlveda, corrió con la misma suerte. La custodia de su cuarto y último hijo, Michael Corleone, desató una feroz pelea.

Las noticias sobre las mujeres asociadas a altos cargos en el narcotráfico suelen ser manejadas con un halo de exotismo en la mayoría de los medios de comunicación. No se indagan contextos, circunstancias o significados de los liderazgos femeninos en el crimen organizado. Destaca la sorpresa por ocupar roles "masculinos" y se prioriza la descripción de su apariencia física. Y, si hay belleza de por medio, los prejuicios de género se multiplican.

Blanco quería llevárselo a Estados Unidos, pero Sepúlveda quería mantenerlo consigo en Colombia. La mujer resolvió el conflicto de la única manera que sabía: lo mató.

A mediados de los años setenta, Blanco era millonaria. Había abierto las puertas de Estados Unidos para el tráfico a gran escala de cocaína y demostrado que nada la amedrentaba. Cuando la policía la cercó en Nueva York, se mudó a Miami, en donde construyó un imperio basado en la violencia que estalló cuando el mercado comenzó a ser disputado por otros narcotraficantes. Blanco fue denunciada por mandar a asesinar a más de doscientas personas, ya fueran enemigos, rivales o simples clientes que habían tardado en pagar una deuda. No perdonaba nada. Fue detenida en 1985 pero, con la ayuda de sus hijos y un amante estadounidense, siguió manejando su imperio desde la cárcel.

Cuando la condena a pena de muerte parecía inminente, Blanco se jugó una última y audaz carta: planeó el secuestro de John F. Kennedy Junior. Negociaría la libertad del hijo del presidente más venerado en Estados Unidos, a cambio de que la dejaran escapar a Colombia. Su amante y cómplice se asustó, denunció el plan y, ahora sí, parecía que las únicas opciones de la Madrina eran la silla eléctrica o una inyección letal. Tuvo suerte. Irregularidades en la investigación lograron que solo fuera condenada a veinte años de prisión. En 2004 volvió, deportada, a Colombia, en donde no había ninguna causa judicial en su contra. Disfrutó su fortuna y libertad con discreción hasta que el destino la alcanzó. La mañana del 3 de septiembre de 2012, dos sicarios en moto la ejecutaron cuando salía de una carnicería en el barrio Belén, en Medellín. Murió a los 69 años, sin haber terminado de digerir la arepa con queso que había desayunado.

¿Sabías que... según la DEA, Griselda Blanco, la Reina de la Cocaína, amasó una fortuna de 2000 millones de dólares?

Si Colombia tuvo su Reina de la Cocaína, México puede presumir de haber contado con su propia emperatriz de las drogas.

Así bautizó la prensa, siempre ávida de apodos espectaculares, a María Dolores Estévez Zuleta, más conocida como "Lola la Chata", una mujer que se convirtió en líder del narcotráfico en la ciudad de México en los años treinta. Su historia colmó durante décadas las primeras planas de los diarios ante la sorpresa que generaba su papel como jefa narco en una época en que las mujeres ni siquiera podían votar.

Estévez Zuleta nació en 1906 en La Merced, un popular barrio del centro histórico;su vida giraba alrededor del gigantesco mercado en donde su madre tenía un puestito de comida. La verdad era que, clandestinamente, también vendía marihuana y morfina. Lola, como la llamaron desde niña, se familiarizó muy pronto con las drogas e incluso comenzó a repartir ella misma las dosis a los adictos de una colonia que también estaba colmada de prostitutas y ladrones. La ilegalidad fue su hábitat. Siendo todavía adolescente, se casó con un hombre que la llevó a vivir a Ciudad Juárez, urbe fronteriza e inmejorable escuela para aprender las reglas del narcotráfico. En los años veinte, la joven volvió al Distrito Federal, sin pareja pero con dos hijas, para replicar la historia materna. Puso un puesto de comida en La Merced, desde el que repartía drogas, cada vez con mayor éxito, hasta que llegó a controlar la distribución en la capital. Con la ayuda de su segundo esposo, el policía Enrique Jaramillo, amplió su poder a otras ciudades del país y atravesó las fronteras de Estados Unidos y Canadá con cargamentos de heroína, cocaína y marihuana. Los millones acumulados dejaron atrás su empobrecida infancia.

Tanta celebridad no podía pasar desapercibida. A fines de los años treinta, los gobiernos de México y Estados Unidos la identificaron, de manera inédita para la época, como una narcotraficante tan peligrosa como cualquier hombre. La persecución tuvo sus frutos, a medias. La Chata fue detenida en varias ocasiones, pero su dinero la ayudaba a sobornar a las guardias de las cár-

Claudia Ochoa Félix se hizo famosa a principios de 2014 gracias a su despliegue en las redes sociales. La joven de 27 años cautivó a medios de todo el mundo no solo porque se la identificó como jefa del narcotráfico, sino por su exótica belleza. De "Emperatriz de los Ántrax", el brazo armado del cártel de Sinaloa, se transformó en "la Kim Kardashian mexicana" por la seductora voluptuosidad de que presumía en Twitter, Facebook e Instagram, en fotos en las que se mostraba con escotes, ropa ajustada, armas y autos de lujo. Aunque el gobierno no tenía ningún cargo en su contra y ella negó cualquier vínculo con el crimen organizado, muchos medios prefirieron seguir creyendo en la apetitosa historia de una mujer joven, bella y líder del crimen organizado.

celes de mujeres para que pudiera recibir visitas cuando quería, a policías que la ayudaban a escapar o a jueces que la liberaban. Pasar algún tiempo en prisión no le impedía seguir manejado su negocio.

La Chata fue detenida por última vez el 3 de abril de 1957. Una y otra vez negó cualquier vínculo con el narcotráfico y se declaró sin posibilidades económicas de pagar a un abogado, pero las drogas, millones y armas encontrados en su mansión la condenaron a pasar sus últimos días en la Cárcel de Mujeres, en donde dos años después murió por problemas en el corazón.

El día de su captura, el diario *La Prensa* anunció, con candor y optimismo: "Fin al tráfico de drogas en México".

Sandra Ávila Beltrán se volvió tan famosa que hasta le compusieron corridos. En las canciones la llamaron "Reina de reinas" y "la Mafiosa", pero pasará a la historia del crimen organizado con el apodo de "la Reina del Pacífico".

Nacida el 11 de octubre de 1960 en Mexicali, Baja California, Ávila Beltrán fue detenida en 2007, cuando salía de un lujoso restaurante de la Ciudad de México. Tenía 45 años y estaba acusada de ser una pieza fundamental en el manejo financiero del cártel de Sinaloa. La policía mexicana la identificó como colaboradora cercana de Joaquín "el Chapo" Guzmán, quien entonces todavía era el capo más buscado del mundo. Ella negó las acusaciones y, entre sonrisas, aseguró que se dedicaba al hogar y a la venta de ropa y de casas. Ese mismo día, en la misma ciudad, también fue capturado su novio colombiano, Juan Diego Espinosa.

La Reina del Sur, la famosa novela de Arturo Pérez Reverte que narra las aventuras de una jefa del narcotráfico, ha sido traducida a más de treinta idiomas y publicada en cincuenta países.

En medio del furor mediático que desató la historia de una mujer joven, bella, educada y relacionada con el sórdido mundo del narcotráfico, el gobierno mexicano la acusó de ser un vínculo crucial entre cárteles mexicanos y colombianos, pero jamás pudo probar las acusaciones de narcotráfico, delincuencia organizada y lavado de dinero que trató de imputarle. Después de años de pleitos judiciales y en contradicción con lo que habían fallado tribunales mexicanos, el gobierno autorizó en agosto de 2012 la extradición de Ávila Beltrán a Estados Unidos, en donde permaneció solo un año, ya que un juez de Miami dio por cumplida su condena por un único y menor delito: ayudar con dinero a un narcotraficante. La realidad derrumbó la leyenda de una reina que, quizás, no llegaba ni a princesa.

En pocas palabras

El crimen organizado ha tenido jefas que han derrumbado prejuicios y estereotipos de género al ocupar liderazgos reservados tradicionalmente para los hombres.

Capítulo 5
Geopolítica narco

17. Estados Unidos

Estados Unidos se erigió como el gendarme mundial de la lucha contra las drogas a principios del siglo pasado. Las visiones prejuiciosas, racistas y conservadoras se impusieron para construir el discurso, tan arraigado hasta hoy en día, de que "las drogas son malas", sin diferenciar entre las adicciones como un problema de salud, el derecho de elección de los consumidores y el delito del narcotráfico. En diferentes momentos, Estados Unidos decidió, según su conveniencia, que había narcos buenos y narcos malos, así que protegió a unos y combatió a otros, sin aceptar nunca su inmensa responsabilidad como principal país consumidor de drogas y exportador de armas.

Estados Unidos soñó un día con una sociedad libre de drogas.

Elaboró entonces una lista de sustancias que debían ser prohibidas en todo el mundo. Empezó por el opio y sus derivados. Siguió con la cocaína y la marihuana. Invirtió miles de millones de dólares para erradicar cultivos y combatir la producción, el tráfico y la distribución. Confió en que, si no había oferta, no habría demanda.

Cuando despertó, se dio cuenta de que la producción y consumo de drogas habían crecido; la destrucción de cultivos había provocado graves daños ecológicos en Sudamérica y en Asia; los cárteles se habían enriquecido, multiplicado y fortalecido, y los narcos habían producido nuevas y exitosas drogas de diseño. Una guerra sangrienta contra el narcotráfico había estallado justo al lado, en México, dejando decenas de miles de muertos.

Pese a su evidente fracaso, Estados Unidos continuó con las políticas antidrogas que habían nacido a principios del siglo XX.

En una época en que la esclavitud había sido abolida, el país que asomaba como potencia no perdió su espíritu racista y xenófobo. Desde entonces achacó sus problemas sociales a minorías migrantes, alimentando el permanente temor al "otro". En el caso de las drogas, concluyó que la cocaína, el opio y la marihuana que consumían los negros, chinos y mexicanos ponían en peligro a la población blanca. Había que prohibirlas.

Estados Unidos aprobó en 1912 la llamada Ley Harrison, que terminó con la venta libre de opio y cocaína. Fue el inicio del prohi-

> Estados Unidos financió en los años noventa la creación de unidades militares y policías antidrogas en México, Bolivia, Colombia, Ecuador, Guatemala, República Dominicana, Jamaica, Paraguay y Perú.

bicionismo que el país impulsaría en las primeras conferencias internacionales convocadas ex profeso para limitar la producción y venta de drogas solo para fines medicinales. Mientras promovía la veda en el resto del mundo, endureció sus políticas internas al límite. En 1920 aprobó la Ley Nacional de Prohibición, más conocida como "Ley Seca", que impidió la fabricación, transporte y venta de bebidas alcohólicas durante trece años. El crimen organizado ganó la batalla, porque siempre hubo alcohol a disposición de los consumidores en un mercado ilegal que permitió el florecimiento de una mafia que nunca más se fue del país.

No pasó mucho tiempo después del fin de la Ley Seca para que los mafiosos italoamericanos construyeran en un desierto una ciudad destinada a sus negocios lícitos e ilícitos, entre los que siempre estuvo el tráfico de drogas. Se llamó Las Vegas y la apodaron "la ciudad del pecado". Corrían los años cuarenta y, con la Segunda Guerra Mundial encima, el combate a las drogas dejó de ser una prioridad en un país que necesitaba con urgencia morfina para sus soldados. El gobierno ejerció una estrategia que consolidaría en las décadas siguientes: negociar con criminales a cambio de su apoyo en operaciones encubiertas. Lucky Luciano, considerado el padre de la mafia en Estados Unidos, fue uno de los primeros beneficiarios de estos polémicos acuerdos. La condena a cincuenta años de prisión que cumplía se convirtió en una deportación que le permitió vivir libre en Italia luego de lograr que la mafia ayudara al desembarco de tropas aliadas durante la Segunda Guerra Mundial.

En los años sesenta llegó el movimiento hippie y su rebeldía contracultural basada, entre otros aspectos, en el amor libre y el consumo de drogas. Estudiantes, jóvenes, artistas, pintores, actores y músicos promovían la marihuana y el LSD como experiencias liberadoras de la conciencia. En Vietnam, los soldados se volvían adictos a la morfina y a la heroína. Los poderes establecidos se asustaron, otra vez, por motivos morales y religiosos. A principios de los años setenta, el gobierno descubrió, gracias a una

¿Sabías que... el 80% de las armas decomisadas a los cárteles mexicanos proviene de Estados Unidos, país que se niega a controlar su venta?

encuesta, que el 21% de los adultos y el 20% de los adolescentes había probado drogas psicodélicas. El 60% de los ex combatientes se inyectaba heroína con regularidad. El consumo de drogas se impuso en la agenda pública como un problema nacional.

El presidente Richard Nixon declaró la guerra contra las drogas en 1971. Dos años después, en julio de 1973, creó la famosa DEA, que a partir de ese momento sería omnipresente en las operaciones contra el narcotráfico alrededor del mundo. Hubo un error de entrada, porque el gobierno centró sus esfuerzos en el combate a la heroína. A falta de una droga, los consumidores eligieron otra. El consumo de la cocaína floreció en todas sus variantes, incluido el mortal *crack*. Estados Unidos se convirtió en un paraíso para los cárteles colombianos: descubrieron que ahí había un mercado que demandaba cada vez más drogas. La década de los ochenta será recordada por la epidemia de cocaína y la llegada de narcotraficantes sudamericanos que, aliados con cómplices estadounidenses, controlaron el narcotráfico.

La Cosa Nostra es la mafia más importante de Estados Unidos. Edgar Hoover, director del FBI de 1924 a 1972, negó siempre su existencia, ya que habría tenido que reconocer que la Cosa Nostra se había infiltrado con éxito en la sociedad estadounidense a partir de la Ley Seca y la Gran Depresión y gracias a la ineficiencia de la Policía. El tráfico de drogas es solo uno más de los múltiples negocios que opera esta sociedad secreta criminal nacida en Sicilia y que conforma una federación de unas veinte familias en Estados Unidos, en donde ha penetrado incluso las clases altas y todo tipo de negocios, desde el cine hasta los bienes raíces. El gobierno estadounidense, enfrascado en su lucha antiterrorista, relegó desde 2001 al sexto lugar de prioridad la lucha contra las organizaciones criminales nacionales y trasnacionales.

La respuesta vino por parte de otro gobierno republicano. En 1986, Ronald Reagan advirtió que las drogas representaban una amenaza para la seguridad nacional. La guerra antinarcóticos se convirtió en una prioridad y Estados Unidos incrementó la asistencia militar y policial en América Latina. A través de la Iniciativa Andina, combatió el cultivo de marihuana y la producción de cocaína sin entender las complejas causas económicas, políticas y sociales que permitían el auge del narcotráfico en países como Colombia, Bolivia o Perú. Tampoco resolvió el problema del consumo interno, que siguió aumentando. La Agencia Central de Inteligencia (CIA) llegó al extremo de permitir el ingreso de drogas a Estados Unidos a cambio de que los cárteles apoyaran a la Contra, el grupo armado al que había financiado para derrocar a los sandinistas en Nicaragua.

Estados Unidos cuenta con una inmensa burocracia de cuarenta y nueve agencias federales que se disputan presupuestos para el combate al narcotráfico. Entre ellas, se encuentran la DEA; el FBI; el Servicio de Aduanas; la Oficina de Alcohol, Tabaco y Armas de Fuego; el Servicio Guardacostas; los departamentos de Estado y Defensa; la Oficina de Política Nacional de Control de Drogas, y el Centro Antinarcóticos que opera la CIA.

Estados Unidos también extorsionó al resto de los países latinoamericanos con una certificación anual a través de la cual evaluaba si habían obedecido sus políticas antidrogas. En caso contrario, les cortaba el flujo millonario de recursos. A varios gobiernos dependientes no les importó violar derechos humanos, erradicar cultivos a la fuerza y provocar sangrientos conflictos sociales con tal de entregar buenas cuentas a Estados Unidos. En los años noventa, el Comando Sur del Departamento de Defensa centró sus misiones en operativos antinarcóticos. El tema era tan importante en la agenda de los gobiernos estadounidenses que para fines del siglo el 92% del presupuesto de asistencia militar y policial en América Latina y el Caribe se destinaba a la guerra contra las drogas.

Los ataques terroristas de 2001 modificaron la agenda. El combate al narcotráfico dejó de ser prioritario, lo que no impidió que las encarcelaciones aumentaran. En 2007, la mitad de los 2.200.000 presos estadounidenses estaba procesada o condenada por delitos no violentos vinculados contra las drogas. Por crímenes menores. En su mayoría eran negros o latinos. La ONU confirmó años más tarde que Estados Unidos consumía el 60% de las drogas que se producían en el mundo, y que el número de usuarios había aumentado de los quinientos mil de la década de los setenta a los veintidós millones y medio que había en 2011 y que representaban el 8,7% de su población. Las drogas, además, eran más baratas, más puras y más accesibles. El consumo de cocaína se había reducido casi a la mitad, pero a cambió estalló la nueva epidemia de metanfetaminas y otras drogas de diseño.

Los presidentes Nixon, Carter, Bush (padre e hijo), Clinton y Obama se negaron a ver la realidad. En cada uno de sus gobiernos anunciaron que la guerra contra las drogas era un éxito.

En pocas palabras
Estados Unidos ha sido el principal impulsor de una guerra mundial contra las drogas que ha resultado un fracaso que se niega a reconocer.

18. México

México enfrentó la primera década del siglo XXI convertido en el país más asolado por la violencia del narcotráfico en América Latina. Con su multiplicación de cárteles, más de cien mil asesinatos, treinta mil desaparecidos, cientos de periodistas y defensores de derechos humanos masacrados y miles de mujeres clamando por la aparición de sus hijos, México desplazó a Colombia como epicentro del análisis sobre los efectos del combate al pujante negocio del tráfico de drogas. El terror se impuso en un país que padece la histórica desventaja geográfica de compartir frontera con Estados Unidos, la nación que más drogas consume en el mundo.

El origen del narcotráfico en México hay que buscarlo en Sinaloa.

En este estado que se recuesta sobre el océano Pacífico nació el primer capo mexicano, Pedro Avilés, al que le siguieron otros narcos que harían historia, como Miguel Ángel Félix Gallardo, el Padrino; Rafael Caro Quintero; Amado Carrillo Fuentes, el Señor de los Cielos, y Joaquín "el Chapo" Guzmán. La aparición de capos de tal calibre no fue casual, ya que las productivas tierras sinaloenses constituyeron el campo propicio para el cultivo de drogas desde fines del siglo XIX. Su estratégica ubicación geográfica, cercana a las ciudades fronterizas más importantes, le permitió convertirse en uno de los principales corredores de tráfico ilegal de todo tipo de productos que iban y venían de Estados Unidos.

El "Informe mundial de drogas" (2013), elaborado por la Oficina de las Naciones Unidas contra la Droga y el Delito, reveló que México es el segundo país productor de marihuana, opio y heroína. Además, lidera la producción de las metanfetaminas que ingresan a suelo estadounidense. Informes nacionales alertan que, entre 2002 y 2011, el consumo de drogas en México casi se duplicó, al pasar del 0,8 al 1,5% de la población.

Eran otros tiempos. En los albores del siglo XX, la marihuana y la adormidera (la amapola, materia prima para el opio y la heroína) cultivadas en suelo mexicano todavía no eran controladas con esmero, así que las incipientes organizaciones criminales aprovechaban la vecindad con Estados Unidos para llevar sus productos. El consumo de opio, vinos con coca y cigarrillos de marihuana era común, e incluso se ofrecían en farmacias o en mercados públicos, siempre con fines medicinales y reglamentaciones específicas para prevenir intoxicaciones.

La permisividad comenzó a desvanecerse en los años veinte, cuando los primeros gobiernos posrevolucionarios prohibieron el cultivo y comercialización de la marihuana y del opio, lo que no impidió que en los años siguientes Sinaloa se consolidara como el principal estado productor de adormidera y que el narcotráfico se expandiera a toda la frontera y a otras regiones del país, sobre todo por la demanda de los consumidores de Estados Unidos.

> La guerra contra el narcotráfico iniciada en 2006 llevó a que Acapulco, Culiacán, Torreón, Chihuahua, Victoria, Nuevo Laredo, Ciudad Juárez, Cuernavaca y Tijuana formaran parte de la lista de las cincuenta ciudades más violentas del mundo.

A mediados de siglo, México fortaleció un sistema presidencialista emanado de la Revolución que permitió que el Partido Revolucionario Institucional (PRI) gobernara durante setenta y un años. Todo se institucionalizó en México, hasta el narcotráfico. El sociólogo mexicano Luis Astorga ha concluido que el tráfico de drogas nació al amparo del gobierno. No fue un poder paralelo o autónomo, sino que estuvo ligado estructuralmente a la política. De ahí que los principales afectados hayan sido siempre los campesinos pobres, no los verdaderos dueños del negocio, que se enriquecieron. En los años cincuenta, la capital de Sinaloa, Culiacán, ya era conocida como "la Chicago con gánsteres de huarache", por la violencia de sus calles. Estados Unidos presionó desde entonces a México para que detuviera la producción de drogas, salvo que las necesitara, como cuando incentivó el cultivo de opio en suelo mexicano para producir la morfina que sus soldados demandaban durante la Segunda Guerra Mundial.

Los mexicanos escucharon cada vez con mayor frecuencia sobre pistas clandestinas, narcotraficantes, incineración de marihuana y captura de narcos, hasta que llegaron los primeros grandes operativos antidrogas. El 21 de septiembre de 1969, el presidente Richard Nixon anunció la Operation Intercept. Durante veintiún días, miles de policías combatieron en la frontera el tráfico de la marihuana recién cosechada en México. Casi ocho años más tarde, en enero de 1977, el gobierno mexicano lanzó la Operación Cóndor. Diez mil soldados operaron durante meses en el norte del país, en los estados de Sinaloa, Chihuahua y Durango. Destruyeron miles de plantíos de drogas y mataron a veintisiete civiles. También murieron diecinueve militares. Más de dos mil presuntos narcotraficantes fueron a la cárcel, muchos de ellos después de haber sido torturados. Fue el inicio de las violaciones a los derechos humanos que marcarían el combate a las drogas en México. Cuando terminó la Operación Cóndor, el gobierno de Sinaloa anunció el fin del narcotráfico.

Pero esto recién empezaba.

Llegaron los años ochenta. A 3600 kilómetros de distancia de México, los colombianos reinaban en el tráfico de la cocaína, la droga más demandada en Estados Unidos. Los cárteles de Medellín y de Cali utilizaban principalmente la ruta del Caribe para llegar a Florida con sus valiosos cargamentos, hasta que el refuerzo de la vigilancia complicó este puerto de entrada y tuvieron que pedir ayuda a las bandas mexicanas para que la droga pasara por su territorio y atravesara la frontera. Primero pagaron la colaboración con dinero en efectivo, pero muy pronto los mexicanos pidieron pago en especie. En cocaína. El mapa del narcotráfico se modificó por completo, las bandas se convirtieron en cárteles cada vez más organizados y semejantes a empresas trasnacionales, lejos ya de aquellas viejas familias contrabandistas de marihuana.

Estos años fueron cruciales para el narcotráfico mexicano. Tanto que incluso una leyenda cuenta que el máximo capo de la época, Miguel Ángel Félix Gallardo, el Padrino del cártel de Guadalajara, convocó a fines de los ochenta a los principales narcotraficantes de la época a una reunión en Acapulco para repartirse las rutas del tráfico de drogas: las ciudades de Tijuana y Ciudad Juárez, fronterizas con California y Texas, serían dos territorios; también estaban Sonora, estado fronterizo con Arizona, y la región del océano Pacífico, que incluía Sinaloa, y, por último, el Golfo de México.

En 1985, la destrucción del mayor plantío de marihuana de México, ubicado en el estado de Chihuahua, le costó la vida a un agente de la DEA, Enrique Camarena Salazar, más conocido como Kiki, quien se había infiltrado en los cárteles. Su secuestro, tortura y asesinato desató una cacería de las fuerzas estadounidenses y

"Esta es una batalla en la que yo estaré al frente." Con esta frase, Felipe Calderón anunció el 1º de diciembre de 2006, primer día de su gobierno, el inicio de su guerra contra el narcotráfico. Seis años más tarde, pudo presumir de la captura de más de setenta narcotraficantes poderosos, aunque nunca consiguió detener a la presa más codiciada: el Chapo Guzmán. Tampoco pudo reducir la pobreza y la desigualdad, causas sociales que habían favorecido la expansión del narcotráfico. Calderón sí logró que Estados Unidos reconociera por primera vez su corresponsabilidad en el problema. Ambos países firmaron la Iniciativa Mérida, a través de la cual Estados Unidos destinó a México 1900 millones de dólares para la lucha antidrogas.

mexicanas, que llevó a la captura de Rafael Caro Quintero y del Padrino. Los cárteles no respetaron el reparto de territorios y protagonizaron una sangrienta pelea que tuvo un momento culminante en mayo de 1993, cuando los hermanos Arellano Félix, del cártel de Tijuana, mataron a la salida del aeropuerto de Guadalajara al cardenal Juan Jesús Posadas al confundirlo con Joaquín "el Chapo" Guzmán, convertido en su máximo enemigo.

A fines del siglo XX, la hegemonía política del PRI comenzó a resquebrajarse. Durante décadas, los narcos habían acordado con los políticos priistas, pero con la llegada de gobiernos de otros partidos, los cárteles se descontrolaron. Ya no había un solo interlocutor. La violencia se incrementó, pero alcanzó sus niveles máximos a partir de 2006, cuando el presidente Felipe Calderón anunció una guerra contra el narcotráfico, que solo multiplicó los cárteles e implantó el terror en una sociedad que comenzó a sufrir a diario noticias sobre decapitados, masacres, violaciones a derechos humanos, ejecuciones y desaparecidos.

En pocas palabras

El narcotráfico en México se expandió gracias al debilitamiento de los cárteles colombianos, la corrupción interna, la inequidad social y la demanda de drogas de Estados Unidos.

19. Colombia

El problema del narcotráfico en Colombia engarza factores tan complejos como una guerra interna de más de cincuenta años, la actuación de grupos paramilitares, la corrupción y la impunidad. Colombia sigue siendo uno de los países líderes en producción de cocaína, pese a décadas de millonarios programas de erradicación de cultivos de planta de coca, financiados por Estados Unidos, que han implicado una política constante de violaciones a los derechos humanos.

La violencia ha marcado a Colombia, un país enclavado en la zona andina cuyas culturas ancestrales descubrieron en la hoja de coca un analgésico natural que, con el paso de los siglos, se convirtió en la mercancía primaria para la producción de cocaína.

El benigno suelo colombiano también favoreció la producción de marihuana, que comenzó a cultivarse en el país en los años veinte. Cuando el tráfico de marihuana crecía y la cocaína todavía no asomaba en el horizonte, Colombia quedó inmersa en "la Violencia", nombre con que se bautizó –sin eufemismo alguno– la guerra interna en la que los partidos Liberal y Conservador se enfrascaron a fines de los años cuarenta. Más de una década de conflicto dejó un saldo de cientos de miles de personas asesinadas. El acuerdo que sellaron los bandos para poner fin a la barbarie dejó fuera a otros grupos, que se rebelarían formando guerrillas, entre ellas las Fuerzas Armadas Revolucionarias de Colombia (FARC), el Ejército de Liberación Nacional (ELN) y el Ejército Popular de Liberación (EPL). En 1970 se les sumaría el Movimiento 19 de Abril (M-19).

Colombia entró en la competencia por el mercado internacional de drogas a fines de los años sesenta, cuando Estados Unidos presionó a México y a Jamaica para que fumigaran cultivos de mari-

> Los grupos paramilitares reconocieron en los años noventa que entre el 40 y el 70% de sus ingresos provenía del comercio de drogas. En esa época, las FARC controlaban territorios de cultivo y se calculaba que recibían entre 200 y 400 millones de dólares anuales por participar en el negocio.

huana. Los traficantes colombianos sembraron grandes extensiones de la planta en la Sierra Nevada de Santa Marta y crearon sus propias redes de distribución para ocupar el lugar que iban a dejar mexicanos y jamaiquinos, pero el éxito les duró poco porque su marihuana no tenía la calidad que se demandaba, sobre todo en el mercado estadounidense. En la época de la Guerra Fría, Colombia ya se había convertido en un firme aliado de Estados Unidos, que buscó en el país caribeño un freno a la posible expansión del comunismo en América Latina, al "mal ejemplo" que había dado Cuba. Estados Unidos ayudó desde entonces a Colombia a combatir la guerrilla, en una relación estrecha que después se replicaría en la lucha contra el narcotráfico.

También en esta etapa nacieron los primeros grupos paramilitares, que fueron incluso financiados por políticos y ricos empresarios para que enfrentaran a los guerrilleros. Con el paso de los años, se convirtieron en una temida fuerza autónoma que cometió múltiples masacres y que, al igual que la guerrilla, terminó vinculada al pujante negocio de las drogas.

La hoja de coca no se cultivaba ni se consumía en grandes cantidades en Colombia porque, a pesar de que también existían pueblos indígenas que la utilizaban en ritos ancestrales, estos no eran tan numerosos como ocurría en otros países andinos. La producción se modificó en los años setenta, cuando explotó la demanda de cocaína en Estados Unidos y los narcotraficantes colombianos se metieron de lleno al negocio de la nueva droga de moda, mucho más rentable que la marihuana. Se especializaron en la instalación de grandes laboratorios, en los que fabricaban cocaína a partir de la hoja de coca que producían en cultivos propios, más las toneladas de pasta de coca y base de cocaína importadas de Bolivia y Perú. Terminado el producto, lo llevaban a Estados Unidos, principalmente por vía marítima.

El tráfico fue un éxito y permitió el nacimiento de poderosos cárteles: el de Medellín, que lideraba Pablo Escobar con la ayuda de Gonzalo Rodríguez Gacha, Carlos Lehder y los hermanos Ochoa (Fabio, Jorge Luis y Juan David), y el de Cali, que encabezaban Gilberto y Miguel Rodríguez Orejuela, los primeros grandes empresarios del narcotráfico en América Latina. Los cárteles crearon sus propios grupos armados para defender la mina de oro que estaban explotando con ganancias multimillonarias. Siguieron, también, dos estrategias diferenciadas. Mientras el cártel de Medellín optó por la confrontación abierta contra los poderes, el de Cali se infiltró en ellos. En los años ochenta, Colombia ya exportaba el 80% de la cocaína que se consumía en Estados Unidos.

En 1999 hubo cuatrocientas dos masacres en Colombia, con índices de impunidad del 90%. Estados Unidos de todos modos certificó la lucha antidrogas, pese a que leyes internas le impedían avalar a países que violaran derechos humanos.

La violencia, que nunca se había ido del todo en Colombia, recrudeció cuando el gobierno de Julio César Turbay firmó en 1979 un tratado que permitía extraditar a los narcotraficantes a Estados Unidos. Escobar, quien encabezaba la lista, se resistió con acciones narcoterroristas. Los años ochenta serán recordados por los colombianos por el temor a las bombas que estallaban en lugares públicos; los asesinatos de jueces, periodistas, investigadores y políticos que apoyaban la extradición, y el magnicidio, en 1989, del candidato presidencial Luis Carlos Galán. La guerra contra el narcotráfico en Colombia se intensificó y para mediados de los años noventa ya habían desaparecido los cárteles de Medellín y de Cali. Sus dirigentes estaban muertos o en prisión.

El gran problema es que la sangre acumulada no impidió que la producción de cocaína creciera. La desaparición de los dos grandes y poderosos cárteles no significó el fin del narcotráfico, sino apenas su transformación. Los cárteles de Medellín y Cali fueron sustituidos por múltiples organizaciones criminales que siguieron traficando sus valiosos cargamentos a Europa y Estados Unidos a través de todas las rutas posibles. Aparecieron grupos como el cártel del Norte del Valle, los Urabeños, Águilas Negras y Oficina de Envigado, pero ninguno de ellos se acercaba siquiera al poder que habían detentado las organizaciones de los años ochenta. En el siglo XXI, se calculaba que había por lo menos trescientos "cartelitos" operando en Colombia.

La debilidad de estas organizaciones, a las que se bautizó como "bacrim" (bandas criminales emergentes), implicaba su carencia de armas, por lo que contrataron a guerrilleros o a paramilitares, ambos bandos enfrentados entre sí, para su protección. No pasó mucho tiempo para que unos y otros se involucraran de lleno en el narcotráfico. La guerrilla comenzó cobrando "impuestos" a las plantaciones de hojas de coca y amapola, pero en algunas zonas terminó controlando los cultivos. Los paramilitares, concentrados en las Autodefensas Unidas de Colombia (AUC), intervinieron en la producción y en el tráfico hasta que se desmovilizaron, en 2005, luego de alcanzar un acuerdo con el gobierno de Álvaro Uribe.

El narcotráfico era uno de los temas prioritarios en el país, pero la atención del gobierno y la de Estados Unidos estaban tan centradas en la cocaína que descuidaron la producción de amapola y sus derivados. Esta creció a tales niveles que en 1993 Colombia ya era el principal proveedor de la heroína que se consumía en Estados Unidos. El cultivo de coca también aumentó de 70.000 a 170.000 hectáreas entre 1995 y 2001, pero las agresivas campañas de fumigación y la caída en la demanda de cocaína en Estados Unidos provocó que para la segunda década del siglo XXI la siembra se hubiera reducido en cuarenta y ocho mil hectáreas.

Colombia y Estados Unidos lanzaron a fines de los noventa un ambicioso proyecto antidroga que se conoció popularmente como Plan Colombia. El presidente Andrés Pastrana preveía una política de inversiones de desarrollo, desactivación de la violencia y construcción de la paz, pero el programa final priorizó la asistencia militar, lo único que le interesaba a Estados Unidos. La Unión Europea no quiso participar en el financiamiento por no compartir esta visión militarista. Desde entonces el Plan Colombia ha tenido una inversión de más de 7000 millones de dólares, lo que ha implicado una mayor y permanente interferencia de Estados Unidos en el país caribeño.

En 2010, después de más de tres décadas de una sangrienta y dolorosa batalla contra el narcotráfico, Colombia seguía siendo el primer país productor de cocaína del mundo. Un año más tarde, Perú lo desbancó, relegándolo a un segundo lugar, lo que demostró, una vez más, que el negocio jamás termina, solo se modifica.

En pocas palabras

Colombia sigue siendo un país líder en narcotráfico, pese a décadas de una multimillonaria guerra contra las drogas que ha dejado miles de víctimas en ese país.

20. Perú

Perú recuperó en 2013 la posición que había perdido en los años noventa como primer productor mundial de cocaína, pero la noticia no generó mayor sorpresa en un país en donde el narcotráfico está asentado y que, a diferencia de Colombia o México, nunca ha padecido oleadas de extrema violencia como resultado de la guerra contra las drogas, pese a los presuntos vínculos de la guerrilla de Sendero Luminoso con su producción y tráfico. Las bandas peruanas han limitado su acción a Sudamérica, sin penetrar de manera directa o a gran escala en los mercados de Estados Unidos y Europa.

La hoja de coca es venerada desde hace siglos en los pueblos andinos.

Los aborígenes peruanos comenzaron a utilizarla hace miles de años como alimento o en sus rituales religiosos, fomentando una tradición que ni siquiera los conquistadores españoles lograron eliminar. Durante la colonia, la hoja de coca, que tan bien se daba en toda la región, llegó a ser el medio de pago para campesinos y mineros, que la masticaban para contrarrestar el hambre y el agotamiento. Por mera supervivencia. La costumbre permaneció, arraigada principalmente en las regiones habitadas por los pobladores originarios, que representan el 15% de la población del país, pero a mediados del siglo pasado nació la presión internacional para desterrar la siembra de la planta de coca porque se había convertido en la materia prima de la cocaína, una de las drogas ilegales más consumidas en el mundo entero. Y la que dejaba mayores ganancias.

Las políticas de erradicación forzosa impulsadas y financiadas por Estados Unidos se llevaron a cabo en los años ochenta sin respetar prácticas culturales que nada tenían que ver con el narcotráfico, fumigando un cultivo fundamental para la economía nacional. En 1949 se había creado la Empresa Nacional de la Coca (Enaco), la única firma autorizada para comercializar la hoja de coca y sus derivados. Cuatro décadas más tarde, Perú logró que Naciones Unidas reconociera el derecho de los peruanos al uso tradicional lícito de la planta, pero el estigma jamás se borró. En 2011, la JIFE denunció que el hábito tradicional de masticar hoja de coca aún no se había abolido en Perú, además de que algunos usos industriales, como la fabricación de té, jabón y harina de coca, no se ajustaban a protocolos y convenciones internacionales.

El informe de la JIFE demostraba la necedad de los organismos internacionales, que se niegan a entender y respetar usos y costumbres culturales de otros países, que no se pueden exterminar solo por decreto. La prueba está en que, en 2004, cuatro millones de peruanos masticaban de manera cotidiana hoja de coca mezclada con cal y ceniza, igual que sus ancestros preincaicos; también la empleaban en bebidas o la usaban en ritos, celebraciones, velorios y curaciones.

> La Fuerza Aérea de Perú disparó en abril de 2001 a una avioneta en la que viajaban misioneros estadounidenses a los que había confundido con narcotraficantes, lo que suspendió por completo la política de derribos de vuelos.

Los años ochenta fueron cruciales para el auge del narcotráfico en Perú. Cada vez más campesinos se volcaron a la producción de hoja de coca para venderla a los narcotraficantes, pero en su mayoría lo hicieron por supervivencia, para enfrentar sus condiciones de pobreza y sin obtener beneficios millonarios. Los agricultores peruanos estaban abandonados por el gobierno y no tenían mercados en donde ofrecer sus productos tradicionales. En cambio, la cocaína era cada vez más demandada en Estados Unidos. Los colombianos, que todavía no tenían suficiente cosecha propia, se volvieron clientes de los cocaleros peruanos y de los narcos que preparaban la pasta base, lo que consolidó a Perú como el primer país productor de cocaína, lugar del que sería desplazado por Colombia en 1995.

> Los cárteles mexicanos, que cuentan con mayor infraestructura y organización, han penetrado el territorio peruano para controlar la producción de hoja de coca, su posterior transformación en cocaína y el envío de cargamentos que tienen como destino principal Estados Unidos, muchas veces con escalas en México.

Otro peligroso actor se había sumado, a fines de los ochenta, al complejo entramado del narcotráfico en Perú. La guerrilla

¿Sabías que... solo el 0,7% de los peruanos consume cocaína, pese a que es el principal país productor de esta droga?

Sendero Luminoso se presentó como protectora de los cocaleros, combatió la erradicación compulsiva de cultivos y se alió, también, a las bandas de narcotraficantes. La confrontación del Estado con Sendero Luminoso y con el Movimiento Revolucionario Tupac Amaru provocó una ola de violencia política y violaciones de derechos humanos que, junto con una grave crisis económica, fue el caldo de cultivo que permitió en 1990 la llegada a la presidencia de Alberto Fujimori, el ingeniero agrónomo que demostró, durante una década, que el cinismo y la corrupción podían ser ilimitados. Mientras fingió cooperar con Estados Unidos y obedecer sus políticas antinarcóticos, su principal asesor, Vladimiro Montesinos, reforzó, en las sombras y amparado en el inmenso poder que le otorgó el presidente, sus vínculos con el narcotráfico.

El escenario del crimen organizado estaba cambiando en la región, con el debilitamiento y posterior desaparición de los cárteles colombianos, lo que produjo una reorganización del cultivo de hoja de coca, su procesamiento como cocaína y los circuitos de exportación mundial. Los peruanos comenzaron a hacer negocios de manera directa con los mexicanos, que de a poco fueron desplazando a los colombianos en el control del tráfico de drogas con destino a Estados Unidos. En 1992, meses después de haber organizado un autogolpe que derrumbó su imagen internacional, Fujimori se anotó un éxito político al capturar al máximo líder de Sendero Luminoso, Abimael Guzmán. Durante los años siguientes, Estados Unidos aumentó la inversión militar y policial en Perú, lo que ayudó a incrementar la inestabilidad de un país en el que no les dieron opciones para sobrevivir a unas ciento veinticinco mil personas que dependían del cultivo de la planta de coca.

En el año 2002, terminada la década fujimorista, Estados Unidos y Perú firmaron un acuerdo que se propuso erradicar de manera definitiva los cultivos en los cinco años siguientes. Como muchas otras metas antinarcotráfico globales, esta también fracasó. Las plantaciones de hoja de coca no desaparecieron, pero sí se redujeron. Una década después, la superficie cultivada disminuyó en un 17,5% al pasar de las 60.040 hectáreas registradas en 2012 a 49.800 en 2013.

Las cifras parecían alentadoras pero, en verdad, un desglose más específico revelaba que, de las 121.242 toneladas de hoja de coca producidas, solo 9000 toneladas se habían destinado al consumo tradicional. El resto fue a parar a manos de narcotraficantes que ese año lograron una producción de 320 toneladas de cocaína.

El narcotráfico en Perú se ha organizado históricamente en clanes familiares y, pese a su liderazgo en la producción de cocaína, no ha disputado mercados internacionales con los cárteles colombianos o mexicanos. En ambos casos se convirtieron en sus principales proveedores, pero no llegaron a formar grandes organizaciones criminales que compitan de manera permanente por territorios dentro del mismo Perú ni en otras regiones. A principios del siglo XXI, la intensa y constante migración peruana hacia el sur del continente provocó, en Buenos Aires y Montevideo, la aparición de bandas de narcotraficantes peruanos que se encargan de recibir la pasta base de su país de origen, terminar el procesamiento de la cocaína y distribuirla.

En pocas palabras

Perú no ha padecido la violencia extrema por la guerra contra el narcotráfico, pese a que es el principal país productor de cocaína.

21. Bolivia

Bolivia, tercer país productor de cocaína del mundo, luchó por su autonomía para aplicar políticas públicas propias en materia de combate al narcotráfico. Contra todos los pronósticos, ganó. El país que sufrió más golpes militares en la región y que padeció durante décadas el intervencionismo estadounidense, volvió a adherir en 2013 a la Convención Única sobre Estupefacientes pero, a pesar de la resistencia de quince países, logró reservar su derecho a defender el uso de la hoja de coca como patrimonio cultural.

La hoja de coca no es cocaína.

El presidente boliviano Evo Morales aclaró durante años, en todos los foros internacionales posibles, la confusión, basada en la ignorancia, que se había propagado por el mundo al catalogar a la planta de coca como una droga.

Morales llegó a mostrar en la Asamblea General de Naciones Unidas, con el brazo en alto y ante el espanto de los sectores más conservadores, la satanizada hoja verde que los cocaleros tuvieron que defender como herencia cultural, base de su alimentación y sustento económico.

Evo Morales sorprendió a la comunidad internacional en 2009 al expulsar a la DEA de Bolivia. El presidente acusó a la agencia estadounidense de conspirar en contra de su gobierno y de realizar espionaje ilegal para promover su derrocamiento, aunque se comprometió a seguir cumpliendo con las metas de erradicación de cultivos ilegales y decomisos.

La historia misma del presidente boliviano no puede entenderse sin la hoja de coca. Nacido en 1959 en una familia de pastores y agricultores, Morales comenzó a destacar en la política boliviana a principios de los años ochenta al sumarse a la dirigencia del sindicato cocalero que se resistía a la erradicación forzosa de cultivos, que, además de dañar el medio ambiente, dejaba a miles de campesinos sin alternativas de supervivencia. En esos duros años de lucha, muchos compañeros de Morales fueron asesinados. A fuerza de golpizas y detenciones, la figura del dirigente creció en históricas

¿Sabías que... de 2008 a 2012 el cultivo ilegal de hoja de coca en Bolivia se redujo de 30.500 a 25.300 hectáreas?

protestas, como la Marcha por el Respeto y la Dignidad, que fue apoyada por miles de bolivianos a lo largo de su recorrido desde Cochabamba hasta La Paz.

El movimiento cocalero fue resultado de las políticas de control de drogas que habían marcado la relación bilateral entre Estados Unidos y Bolivia desde los años setenta. La potencia del norte exigía un programa de "coca cero", mientras los campesinos proponían "cocaína cero", es decir, el combate al narcotráfico, no a los agricultores. Desde entonces y hasta ahora, Bolivia monopoliza junto con Perú y Colombia la producción mundial de cocaína. Estados Unidos únicamente quería obediencia, así que no le importó mantener una excelente relación con Hugo Banzer, el presidente surgido de un golpe de Estado que fue acusado de crímenes de lesa humanidad durante su gobierno (1971-1978). Varios miembros de su gabinete quedaron vinculados al narcotráfico.

Las circunstancias no ayudaban a Bolivia, nación que padecía una endeble institucionalidad desde los años veinte, cuando se iniciaron los intermitentes golpes de Estado que se replicaron a lo largo del siglo pasado y que alimentaron la corrupción de sus dirigentes y facilitaron el intervencionismo de otros países. Bolivia tuvo veinticuatro presidentes de facto y se consolidó como el país más pobre de América del Sur, con una población originaria de entre el 60 y el 70% y cuya subsistencia dependía de la ayuda extranjera, por lo que encontró en el narcotráfico una importante fuente de financiamiento.

El panorama se agravó en 1980, cuando un nuevo golpe de Estado impuso en la presidencia a Luis García Meza, un presidente que arrastró para siempre el estigma de haber participado en el tráfico de drogas, aunque el delito no se pudo probar en tribunales. Su ministro del Interior, Luis Arce Gómez, sí sería extraditado y condenado por narcotráfico años después en Estados Unidos. La relación bilateral, fría, estaba marcada por las sanciones económicas de Estados Unidos ante el incumplimiento de

Evo Morales impulsó políticas sociales para alejar a los bolivianos de la tentación de sumarse al narcotráfico. Entre 2002 y 2012, Bolivia se convirtió en el país que más disminuyó la pobreza en América Latina, al reducir la tasa de 62,4 a 36,3%.

políticas antidrogas, hasta que en 1982 se restauró un gobierno civil con el presidente Hernán Siles, quien consiguió que Estados Unidos reanudara su vital asistencia económica. La nueva colaboración permitió que en 1986 se realizara en Bolivia un macrooperativo de fuerzas militares de Estados Unidos en el extranjero contra el narcotráfico, lo que implicó el cierre de laboratorios de cocaína, el bloqueo de rutas para transporte de coca y la interceptación de avionetas con drogas. En esa época, los dólares producto de la venta ilegal de cocaína sostenían la economía nacional luego del colapso del mercado del estaño que se registró en 1985.

La guerra contra las drogas afianzó la dependencia económica de Bolivia. En 1997 se lanzó un ambicioso Plan Dignidad, que se proponía erradicar los cultivos ilícitos en un plazo de cinco años. Los campesinos, otra vez, no fueron consultados ni tomados en cuenta de manera alguna. Solo debían dejar que sus tierras fueran avasalladas. Las protestas, organizadas principalmente en el Chapare, zona de producción cocalera, fueron inmediatas. El plan casi llegó a su meta en el año 2000, pero la tendencia rápidamente se revirtió y para el año 2002 la producción de coca volvió a incrementarse. La región del Chapare estaba completamente militarizada, lo que hizo que recrudeciera la represión contra los agricultores. La erradicación se impuso en medio de la violencia, los muertos, las violaciones a los derechos humanos. Las políticas antidrogas impuestas por Estados Unidos solo habían debilitado aún más la frágil democracia del país.

Gracias a sus intensas campañas de resistencia, el Movimiento al Socialismo (MAS), partido fundado por Morales, logró expulsar del gobierno a Gonzalo Sánchez de Lozada en 2003. Los cocaleros crecieron como fuerza política nacional en un país agotado por el intervencionismo, lo que quedó demostrado cuando Estados Unidos condenó la primera candidatura presidencial de Morales y advirtió que un triunfo del MAS ponía en riesgo la ayuda financiera. La simpatía popular hacia el candidato subió de inmediato,

Estados Unidos canceló su cooperación con Bolivia en 2013, luego de que el presidente expulsara a la Agencia para el Desarrollo Internacional (USAID, por sus siglas en inglés). El presidente no se amedrentó: "Queremos decirles, con mucho orgullo, que no somos un Estado mendigo, no somos limosneros, no necesitamos mendicidad, tenemos orgullo, vamos a financiar nosotros la lucha contra el narcotráfico. Si no hubiera ese mercado de la cocaína (en Estados Unidos), no desviarían la hoja de coca a un mercado ilegal. Y por acuerdos internacionales, Estados Unidos y los países desarrollados tienen que participar bajo la responsabilidad compartida. No es ninguna cooperación. Ahora dicen que no van a cooperar. Claro, antes chantajeaban, condicionaban la lucha contra el narcotráfico, la privatización de nuestros recursos naturales. Eso ha terminado".

aunque no fue suficiente para que ganara en ese primer intento. En 2005, Morales se convirtió en el primer presidente indígena de Bolivia, el primero que iba a ejecutar políticas diferentes.

Fiel a su compromiso, el presidente puso en marcha un programa para combatir el narcotráfico, pero sin erradicar la hoja de coca ni reprimir a los cocaleros. Contrariamente a lo que habían hecho todos sus antecesores, convirtió la legalización de la planta en uno de los ejes de su política exterior e impulsó la ampliación de mercados legales que pudieran explotar comercialmente la coca, como la elaboración de infusiones y harina, aunque siguió cargando con acusaciones sobre el destino ilegal que tenía la mayoría de la producción de coca boliviana.

En enero de 2013, Morales se reincorporó a la Convención Única de Naciones Unidas sobre Estupefacientes, que había abandonado dos años antes. Solo quince países se opusieron a su reingreso, alarmados por la defensa firme de Bolivia hacia sus recursos naturales y el derecho a preservar su cultura. Para algunos sectores, fue apenas un triunfo simbólico, porque el masticado de coca se despenalizó solo en territorio boliviano, pero otras organizaciones internacionales destacaron la importancia histórica de que uno de los países más pobres de América Latina rompiera paradigmas de sometimiento e impusiera su derecho a masticar hoja de coca, tal y como habían hecho sus ancestros, sin que ello pudiera considerarse un delito.

En pocas palabras

Bolivia enfrenta el reto de consolidar su política de defensa de la producción de hoja de coca con un combate efectivo al narcotráfico.

22. Afganistán

El narcotráfico en Afganistán, principal país productor de opio, entraña riesgos que rebasan las ya de por sí peligrosas peleas entre cárteles o confrontaciones entre el Estado y los grupos del crimen organizado que se dan en algunos países de América Latina. La producción de opio y sus derivados en el país asiático es creciente, no se detiene, y sus millonarias ganancias sirven para financiar a grupos extremistas. El tráfico de drogas agrava la situación de un país que depende de la ayuda externa para sobrevivir y que representa un irresuelto dilema humanitario.

La producción ilegal de opio y sus derivados se volvió fundamental en uno de los países más pobres y, por lo tanto, menos desarrollados del mundo.

El 36% de los afganos, unas nueve millones de personas, vive en la pobreza absoluta. El 34% no sabe leer y las más afectadas por la falta de educación son, en su mayoría, mujeres que viven en peligro, obligadas a vestir burkas, sin acceso a derecho alguno, solo por ser eso: mujeres. La violación no está penada, los ancianos pueden elegir a niñas y adolescentes para casarse; no se castiga la violencia de género, que abunda en todas sus expresiones. El 85% de la población se dedica a la agricultura, base de una economía que depende de la ayuda financiera internacional encabezada por Estados Unidos y la Unión Europea como parte de la lucha que lleva a cabo Occidente para evitar el retorno al poder de los talibanes, los cuales, a su vez, han encontrado en el narcotráfico una importante fuente de financiamiento.

> El principal destino del opio producido en Afganistán es Rusia, en donde un millón y medio de personas fuma la resina o la transforma en morfina y heroína. El consumo también es creciente en Afganistán, en donde el 8% de la población tiene problemas de adicción, aunque solo uno de cada diez enfermos recibe algún tipo de tratamiento.

La planta de adormidera estuvo presente en las tierras afganas desde el siglo IV a. C., pero el cultivo intencional recién comenzó a registrarse hace trescientos años, cuando los agricultores lo explotaron de manera regular y perfeccionaron el raspado de opio. La producción, que se mantuvo en niveles mínimos durante

¿Sabías que... Afganistán produce actualmente el 80% del opio en el mundo?

mucho tiempo, creció a mediados del siglo XX. Naciones Unidas le pidió al rey Mohammed Zahir Shah que prohibiera la siembra de amapola, lo que derivó en protestas de los agricultores más pobres. Otros campesinos se diversificaron y sembraron productos como pistachos, almendras y uvas.

El opio se mantuvo bajo control en Afganistán durante décadas, pero la invasión soviética de 1979 modificó por completo el panorama. En plena Guerra Fría, la URSS se instaló en el país para combatir la guerrilla islámica apoyada por Estados Unidos, lo que trajo como resultado una guerra que duró diez años y que destruyó la economía al arrasar con los campos y con la comercialización de alimentos. La alternativa de supervivencia encontrada por millones de campesinos y de refugiados que volvieron a su país a fines de los años ochenta fue la siembra de adormidera; esto permitió que, en solo veinte años, la participación de Afganistán en la producción mundial de opio aumentara del 10 al 80%.

La acelerada expansión del opio fue posible, también, gracias a que los talibanes que tomaron el poder en 1996, al mando del mulá Omar, máxima autoridad de Afganistán, permitieron la siembra indiscriminada. Los talibanes impusieron un impuesto del 10% a las ganancias agrícolas, que se fueron concentrando

La inestabilidad política, la fragilidad institucional y la guerra permanente que sufre Afganistán conspiran contra un combate efectivo al narcotráfico. La OTAN entregó el control a las fuerzas de seguridad afganas en junio de 2013, con lo que puso fin, oficialmente, a los doce años de presencia militar que tuvo en un país devastado, empobrecido y dependiente de la comunidad internacional. El retiro total de la Fuerza Internacional de Asistencia para la Seguridad estaba previsto para fines de 2014, pero los enfrentamientos con los talibanes continuaron en medio de los intentos del país de recuperar la normalidad democrática en las elecciones presidenciales que se realizaron ese año.

en la adormidera. Ganaron millones de dólares, así que no les preocupó que el opio se traficara y se utilizara en la fabricación de morfina o heroína. En el año 2000, acosado por la presión internacional, el mulá Omar prohibió en un decreto religioso el cultivo de adormidera por considerarlo violatorio del islam. La medida, en un gobierno fundamentalista y represivo, tuvo un rápido efecto, ya que la siembra se redujo de manera radical en un 90% en solo un año.

> Los agricultores afganos ganan seis veces más por el opio que por cualquier otro cultivo, lo que explica en parte que se resistan a que sus campos sean arrasados o a dedicarse a otro tipo de siembra.

Los ataques terroristas de septiembre de 2001 suspendieron la erradicación del opio en Afganistán, ya que los talibanes, derrocados por la ilegal invasión encabezada por Estados Unidos (su antiguo aliado), retomaron la producción a gran escala para financiar su lucha. El combate al narcotráfico fue un factor no prioritario de la coalición internacional que provocó una masacre de víctimas civiles con el pretexto de encontrar a Osama bin Laden y combatir a la organización terrorista Al Qaeda.

Desde entonces, los intentos de los gobiernos provisionales por limitar el cultivo de adormidera fueron en vano. En 2007, Afganistán alcanzó un récord de producción de 8200 toneladas de amapola. Casi cincuenta mil familias dedicadas a su cultivo generaron ganancias que representaron el 40% del PBI del país.

La situación solo ha empeorado en los últimos años. La JIFE denunció en su informe 2013 que los elevados precios del opio en el mercado ilegal y la inseguridad y pobreza de Afganistán impedían el freno a la expansión del narcotráfico en la región. Ese año, la superficie cultivada ascendió a un nivel sin precedentes de 209.000 hectáreas, lo que implicó un aumento del 36% con respecto a 2012.

En pocas palabras

Afganistán carece de las condiciones políticas, económicas y sociales para combatir de manera efectiva el narcotráfico y dejar de ser el primer productor mundial de opio.

23. El caso argentino

Veinte años bastaron para que el mapa del narcotráfico se modificara en Argentina, un país que acusó el impacto del fracaso de la guerra mundial contra las drogas con una acelerada expansión del consumo de estupefacientes y la creciente fabricación local de drogas, así fuera la etapa final de la cocaína o la transformación de efedrina en metanfetaminas. Las intermitentes crisis sociales, políticas y económicas, sumadas a la corrupción endémica de su clase política y sus fuerzas policiales, ayudaron a que el país se consolidara como ruta de paso para el tráfico de cargamentos ilegales que tenían en Europa su destino principal.

Argentina se "narcotizó" a fines de 2013.

En noviembre de ese año, la Iglesia católica alertó por "El drama de la droga y el narcotráfico", título del documento que emitió la Conferencia Episcopal. Este podría haber sido uno más de los pronunciamientos que, de tanto en tanto, dan a conocer los obispos, pero la denuncia tuvo un impacto generalizado porque abrió un debate que ya no se cerró e instaló el narcotráfico como tema permanente de la agenda pública. Los obispos lo advirtieron en un momento en que el discurso católico tenía cada vez más peso por la influencia y popularidad de Francisco, el primer papa argentino:

> Argentina está corriendo el riesgo de pasar a una situación de difícil retorno. Si la dirigencia política y social no toma medidas urgentes costará mucho tiempo y mucha sangre erradicar estas mafias que han ido ganando cada vez más espacio. Es cierto que el desafío es enorme y el poder de corrupción y extorsión de los grupos criminales es grande. Pero no es verdad que nada se puede hacer.

Con más alarmismo que análisis, la prensa se volcó a la cobertura sobre el narcotráfico, pero pocos recordaron entonces que el problema no era nuevo y que a principios de los años noventa el país ya había sufrido su primer gran escándalo por la relación entre el poder político y el crimen organizado.

Se trató del "Yomagate", la trama que en 1991 envolvió a Amira Yoma, cuñada del presidente Carlos Menem, en un millonario lavado de dinero producto del tráfico de cocaína desde Argenti-

¿Sabías que... el cártel de Juárez lavó entre 20 y 25 millones de dólares en Argentina en los años noventa?

na a Estados Unidos y Europa. El esposo de Amira, Ibrahim Al Ibrahim, un ciudadano sirio que apenas si balbuceaba español, había sido nombrado por el vicepresidente Eduardo Duhalde como asesor en la Aduana, lo que le permitía autorizar el ingreso sin revisión de valijas y contenedores colmados de "narcodólares" que llevaban Yoma y otros cómplices. La cuñada del presidente fue detenida en 1992 y liberada dos años más tarde por falta de pruebas. Ibrahim escapó a Siria y denunció que Duhalde era el verdadero responsable de las maletas que pasaban sin autorización, cargo que el político siempre negó. La impunidad permitió que solo uno de los acusados, funcionario de menor rango, fuera condenado en 2003 a una pena de cinco años de prisión que ni siquiera tuvo que cumplir.

En esos años, en la provincia de Buenos Aires se instalaron para siempre las sospechas sobre los vínculos de la Policía y de políticos locales, desde intendentes y concejales hasta diputados y senadores, con el narcotráfico.

Mucho tiempo antes, a principios de siglo, Argentina se había sumado a la ola prohibicionista que recorría el mundo. En los años veinte, el país reformó en diversas ocasiones el Código Penal para sancionar el tráfico, la venta o suministro de drogas sin receta médica, así como la posesión injustificada. En 1968, el dictador Juan Carlos Onganía firmó la primera ley detallada referida a las drogas, que, de manera sorpresiva, despenalizó el consumo personal. Solo se castigaba a aquel que, "sin estar autorizado, tuviera en su poder, en cantidades que excedan a las de su uso personal, sustancias estupefacientes o

Argentina creó en 1989 su primer organismo antinarco, pero lo bautizó con un cacofónico nombre más grande que sus funciones: la Sedronar (Secretaría de Programación para la Prevención de la Drogadicción y Lucha contra el Narcotráfico). Cambió su perfil en 2014 con la designación como secretario del sacerdote Juan Carlos Molina, quien centró sus esfuerzos en la prevención. El combate al narcotráfico quedó en manos del Ministerio de Seguridad.

A mediados de los años noventa, Victoria Henao, viuda de Pablo Escobar, se refugió junto con sus dos hijos en Buenos Aires. En 1999 fue acusada de lavado de dinero, pero finalmente fue liberada sin cargo alguno.

materias primas destinadas a su preparación". Años más tarde, José López Rega echó atrás la progresista norma y a partir de 1974 el consumo volvió a estar prohibido y sancionado.

La guerra de los cárteles colombianos de los años ochenta derivó en la llegada de más cocaína a la Argentina. Entre 1983 y 1986, el decomiso de esa droga se quintuplicó, hasta alcanzar los 381 kilogramos. Desde los setenta y hasta principios de los ochenta, el secuestro anual no superaba los 50 kilogramos, pero en 1987 se consolidó la tendencia creciente al aumentar a 608,8 kilogramos. Un año más tarde, las autoridades dieron el primer golpe importante al narcotráfico al realizar el "Operativo Langostino", que decomisó 800 kilogramos de cocaína escondidos en cajas del crustáceo listas para exportar a Estados Unidos. Los narcotraficantes fortalecieron el rol de Argentina como país de tránsito para las drogas y el tráfico creció a la par del consumo. En 1994, la Sedronar afirmó que el 0,5% de los argentinos consumía drogas ilegales, principalmente cocaína, pero la primera encuesta nacional, realizada un año después, reveló que el 4,5% de la población había consumido drogas ilegales por lo menos una vez.

Luego del "Yomagate", Argentina enfrentó en 1999 el segundo gran escándalo relacionado con el narcotráfico cuando las autoridades revelaron que el mexicano Amado Carrillo Fuentes, el poderoso Señor de los Cielos y capo máximo del cártel de Juárez, había viajado por el país y lavado millones de dólares con la ayuda de cómplices argentinos. La grave crisis económica que estalló en diciembre de 2001 ayudó a que el caso quedara impune y en el olvido. En 2008, los narcotraficantes mexicanos volvieron a Buenos Aires. Un operativo descubrió en una casa de las afueras de la capital el primer laboratorio de metanfetaminas instalado en Argentina. La investigación destapó el tráfico de por lo menos 40 toneladas de efedrina, con ganancias de hasta 500 millones de dólares, y su relación con una mafia que vendía medicamentos vencidos o robados, más el asesinato de tres empresarios farmacéuticos que habían querido hacer negocios con narcotraficantes

Los casos policiales relacionados con narcotraficantes colombianos se multiplicaron en Argentina. Entre 2010 y 2012, los capos Ignacio Álvarez Meyendorff, Henry de Jesús López Londoño y Luis Agustín Caicedo Velandia, acusados de formar parte de las primeras líneas de diferentes cárteles colombianos, fueron detenidos en Buenos Aires. En 2008, dos narcotraficantes colombianos murieron ejecutados por sicarios de su mismo país en un centro comercial. Luego se les sumaron sus paisanos Héctor Jairo Saldarriaga Perdomo y Carlos Alberto Gutiérrez Camacho, asesinados en la capital a plena luz del día. El éxodo de traficantes se explicó por las disputas sangrientas que mantenían los herederos de los poderosos cárteles de Cali y Medellín, que habían desaparecido en los años noventa.

mexicanos y que incluso habían donado fondos para la campaña presidencial de Cristina Fernández de Kirchner en 2007.

La penetración del narcotráfico volvió a quedar en evidencia en 2013, cuando la ciudad de Rosario sufrió una inédita ola de violencia entre las bandas locales distribuidoras de drogas y el gobernador de Santa Fe sufrió un atentado. Fue entonces cuando la Iglesia católica hizo su llamado para frenar este avance, a lo que el gobierno respondió con una nueva estrategia basada en mayores operativos, detenciones, decomisos, colaboración con otros países y el refuerzo de medidas contra el lavado de dinero.

En 2014, José Ramón Granero, ex secretario de la Sedronar, fue procesado por haber permitido la importación y desvío de efedrina hacia cárteles mexicanos. Se sumó así a los jefes policiales de Santa Fe y Córdoba, que se habían convertido en los primeros funcionarios de alto nivel acusados de conexiones con el narcotráfico en este país.

En pocas palabras

La impunidad política, la corrupción policial y el fracaso de la guerra mundial contra las drogas impulsaron el aumento del narcotráfico y consumo de drogas en Argentina.

24. América

El continente americano alberga la producción mundial de cocaína, a los países más afectados por la violencia del narcotráfico y al que más drogas consume a nivel mundial. En la región también hay casos excepcionales en materia de drogas, como Canadá, que recibe la heroína desde Asia, o Uruguay, el primer país que legalizó la producción, venta y consumo de marihuana. La reorganización de las bandas criminales ha modificado, de norte a sur, las rutas, la producción, el consumo y el tráfico de estupefacientes.

Centroamérica es un foco rojo en la guerra contra el narcotráfico.

La región empezó a competir con el Caribe como ruta principal para el tránsito de drogas, lo que convirtió al narcotráfico en un nuevo factor de violencia. En 2014, la JIFE denunció que el tráfico de cocaína es la principal fuente de ingresos del crimen organizado, en particular en Belice, El Salvador, Guatemala y Honduras, en donde hay novecientas pandillas, con más de setenta mil miembros, que hacen negocios con narcotraficantes colombianos para trasladar sus cargamentos. Estas bandas son responsables del 15% de los homicidios registrados en esos países. Hay también una alerta por el aumento en la producción de estimulantes tipo anfetamina en Belice, Guatemala y Nicaragua.

Como reflejo de la conflictiva relación que mantuvo con Estados Unidos, el presidente Hugo Chávez suspendió la cooperación de Venezuela con la DEA en 2005 y acusó a sus agentes de espionaje y desestabilización. Culpó a Estados Unidos de priorizar la lucha contra la oferta de drogas y descuidar la explosiva demanda. Una década antes, Estados Unidos había denunciado que Venezuela era uno de los veinte países más importantes para el tráfico internacional, sobre todo por su papel como ruta de tránsito para la cocaína colombiana y por la corrupción de sus gobernantes. Lo interesante es que, pese a su pelea con la DEA, Chávez no modificó las políticas antidrogas e incluso superó las cifras de secuestros de cargamentos y de detenciones.

¿Sabías que... el 1,5% de la población de América consume cocaína, el 0,5% éxtasis y el 8,1% marihuana?

Sin estar tan afectada por la violencia, Costa Rica enfrenta una mayor cantidad de envíos de cocaína por vía aérea y en vuelos comerciales, lo que se prueba con las incautaciones, que crecieron de 5 a 20 toneladas entre 2000 y 2010. El país es utilizado como escala para desviar los lotes de droga a Europa.

En el Caribe, en donde el 2,8% de la población reconoce que consume drogas, Jamaica sigue siendo el principal proveedor de cannabis para Estados Unidos, aunque ya también ha abierto rutas para llegar a varios países de Europa. Haití, el país más pobre del continente y en donde el ex presidente Jean Bertrand Aristide creó un narcoestado en los años noventa, permanece como puente para el tráfico de cocaína a ambos lados del Atlántico. En Antigua y Barbuda, Barbados, Dominica, Granada, Guyana, Haití, Jamaica, San Cristóbal y Nieves, Santa Lucía, San Vicente y las Granadinas, Surinam y Trinidad y Tobago, la edad media de consumo por primera vez es muy baja, de 13 años.

Al norte del hemisferio, Canadá es el único país del continente al que llegan cargamentos ilegales de heroína producida en el lejano Afganistán. El tráfico de cocaína y metanfetaminas también ha aumentado en la Columbia Británica a través de alianzas entre pandillas canadienses y cárteles mexicanos.

Al sur, Ecuador es una excepción en la región andina. A pesar de tener como vecinos a Perú y Colombia, no es un país con una producción considerable de cocaína ni ha sufrido altos niveles de violencia relacionada con el narcotráfico. Juega un papel de país de tránsito, de lavado de dinero y mercado de precursores químicos para la fabricación de drogas de diseño.

Brasil, por el contrario, sí desempeña un papel estratégico. De sus 4700 kilómetros de costa parten embarques de drogas que atraviesan las aguas del

Manuel Contreras, ex director de la temible Dirección Nacional de Inteligencia durante la dictadura chilena, aseguró que el ex dictador Augusto Pinochet se había enriquecido al participar en la red de narcotráfico en ese país.

Centroamérica y el Caribe fueron escenario, en 2013, de una de las investigaciones más importantes en la historia de la guerra contra el narcotráfico. Se trató de la Operación Lionfish, que se llevó a cabo entre mayo y junio de 2013, y que permitió, gracias a la colaboración de treinta y cuatro países, la detención de ciento cuarenta y dos personas y el secuestro de casi treinta toneladas de cocaína, heroína y cannabis, con un valor de 822 millones de dólares.

Atlántico con destino a Europa y Estados Unidos provenientes de Colombia, Bolivia y Perú, países con los que comparte fronteras que son aprovechadas y explotadas por un crimen organizado brasileño que no ha logrado expandirse a otros países, pero sí crecer en el mercado local. El narcotráfico se disparó a partir de los años ochenta mediante alianzas de delincuentes que, desde las cárceles, organizaron grupos que después penetraron en las favelas con cocaína de Colombia.

Mediante sobornos, consiguieron la protección y complicidad de políticos, jueces, policías y militares. En esa época, Brasil padeció el auge de la violencia de los narcotraficantes cuando el Comando Vermelho y el Terceiro Comando monopolizaron el tráfico de drogas en Río de Janeiro. Tres décadas más tarde, el Comando Vermelho está reconvertido en la mayor banda criminal del país, y en disputa de poder con el Primer Comando de Capital, nacido en los años noventa en San Pablo.

Hoy, Brasil es el mayor proveedor de los precursores químicos utilizados por narcos colombianos y bolivianos para transformar la coca en cocaína. Al igual que en otros países de la región, en los últimos años se ha multiplicado la instalación de laboratorios y depósitos de drogas. Integra, junto con Argentina y Chile, el trío de países con mayor consumo de cocaína en Sudamérica.

El país más grande de América Latina alberga otro fenómeno criminal relacionado directamente con el narcotráfico: la venta ilegal de armas. En 2010, el gobierno reconoció que casi la mitad de los dieciséis millones de armas que circulan en Brasil es ilegal. Desmintió el prejuicio, difundido durante décadas, de que la mayoría provenía de otros países, ya que se comprobó que ocho de cada diez eran de fabricación nacional.

En Paraguay, el país que sustituyó a Bolivia como el más pobre de Sudamérica, la corrupción endémica y la inestabilidad han consolidado redes de narcotráfico que producen y comercializan principalmente miles de toneladas de marihuana y permiten el tránsito de cargamentos de cocaína boliviana rumbo a Argentina, Brasil o Uruguay.

En pocas palabras

América es un foco rojo en materia de narcotráfico porque alberga a los principales países consumidores y productores de cocaína, y a los que están más afectados por la violencia.

25. Asia

Asia acoge a poderosas, secretas y violentas sociedades criminales como las tríadas chinas, los yakuza japoneses o la mafia rusa. Todas ellas cumplen estrictos códigos de honor que obligan al silencio sobre todo lo relacionado con sus múltiples negocios ilícitos, entre ellos el narcotráfico. Su expansión a otras regiones ha sido exitosa, pero menos visible y con menor impacto mediático que, por ejemplo, los cárteles latinoamericanos.

Con un pie en Europa y otro en Asia, Rusia y Turquía son puente natural para el narcotráfico entre ambos continentes.

En Rusia, el problema más acuciante no es la cocaína proveniente de América del Sur, sino la heroína de Afganistán, el principal país productor de opio. La conflictividad de la región es aprovechada por los narcotraficantes que atraviesan Tajikistán, Kirguistán, Ubekistán, Turkmenistán y Kazajistán hasta alcanzar las fronteras rusas, en donde casi dos millones de consumidores esperan sus dosis de heroína. El crimen organizado está controlado por la mafia rusa integrada por diversas organizaciones que comenzaron a fortalecerse a fines de los años ochenta, en la agonía del comunismo soviético, con el tráfico de armas, la prostitución, el juego, el lavado de dinero, la trata de personas y, por supuesto, el narcotráfico. Los criminales rusos han internacionalizado sus operaciones gracias a acuerdos con organizaciones italianas, japonesas o mexicanas.

En Asia, según Naciones Unidas, ya hay incipientes zonas de consumo de cocaína debido a la prosperidad de algunos países, lo que facilita el acceso a una droga que tradicionalmente se ha traficado a Estados Unidos y Europa.

Al sur de Rusia, la mafia turca también ha logrado consolidar su poder. Estimaciones oficiales reconocen que las ganancias por más de 60.000 millones de dólares que este grupo de criminales genera anualmente representan el 25% del PBI de la economía. La mafia turca es más vieja, por décadas, que la rusa, ya que comenzó a operar en los años cuarenta para aprovechar la geografía de un país que ha facilitado, histórica-

¿Sabías que... Asia es el continente en donde se consume menos marihuana?

mente, el comercio entre dos continentes, tanto de productos legales como ilegales. Hoy, es una ruta estratégica para que la heroína afgana llegue a Europa.

Las tríadas en China y Taiwán tienen todavía una mayor tradición. Son sociedades secretas que actuaban en China desde el siglo XVIII, pero a mediados del siglo XX, con la llegada del régimen comunista, tuvieron que desplazarse a otras zonas, como Hong Kong, Taiwán, Singapur y Tailandia. Hoy, reinstaladas en el gigante asiático, trafican con personas, secuestran, falsifican y exportan ilegalmente todo tipo de productos (son los reyes de la piratería mundial), lavan dinero, prostituyen mujeres, instalan talleres textiles clandestinos y controlan el tráfico de drogas. Operan en todo el mundo, por lo que no es extraño saber que, en Madrid, Buenos Aires, Londres o Los Ángeles, de vez en cuando es ejecutado un ciudadano chino que fue extorsionado o que no cumplió con un acuerdo. Los crímenes casi nunca son esclarecidos.

Al otro lado de las costas chinas, en Japón, se encuentran los yakuza, legendarios grupos criminales nacidos en el siglo XVII e incorporados por completo a la cultura del país, ya que participan en la economía, por ejemplo, con inversiones millonarias en el sector inmobiliario, una de sus estrategias de lavado del dinero producto de las extorsiones, la prostitución, el juego clandestino y el tráfico de armas y drogas. El gobierno japonés calcula que hay veinticinco federaciones principales de yakuza, con más de ochenta y cinco mil miembros, lo que los convierte en una de las mafias más poderosas del mundo. Además de Asia, han expandido su influencia al conti-

Más allá de Asia, la preocupación por la llegada de cárteles mexicanos a Oceanía ha ido en aumento. La Comisión Australiana contra el Crimen denunció en 2011 que la ampliación de rutas marítimas había permitido que los narcotraficantes mexicanos arribaran a sus costas con cargamentos de cocaína. Naciones Unidas, en tanto, confirmó que Oceanía es la región con las mayores tasas de consumo de marihuana, éxtasis y anfetaminas.

La Oficina de las Naciones Unidas contra la Droga y el Delito reveló en su informe 2014 que los opiáceos siguen siendo la principal droga objeto de abuso entre las personas sujetas a tratamiento en Asia, lo que a su vez mantiene la prevalencia del virus del VIH en el alto nivel del 28,8% porque los adictos suelen compartir, por ejemplo, jeringas para inyectarse heroína. Además, se estima que más de la mitad de los consumidores de drogas por inyección están infectados por la hepatitis C. El aumento de los estimulantes de tipo anfetamínico también generó alarma, ya que de las 144 toneladas que se incautaron en el mundo, la cuarta parte correspondió a Asia oriental y sudoriental, en tanto que Asia central y sudoccidental se perfilan como mercados nuevos.

nente americano. Los yakuza mostraron su costado humanitario al financiar trabajos de reconstrucción y donar millones de yenes a la población afectada por el tsunami que dejó más de veinte mil muertos en Japón en 2011.

Asia alberga, también, el que quizás sea el único caso exitoso de sustitución de cultivos de materia prima para la elaboración de drogas. Ocurrió en Tailandia, en donde un programa de desarrollo alternativo permitió que, después de tres décadas, se eliminaran casi por completo las plantaciones de opio, en medio de un proceso de crecimiento económico. Como ha ocurrido siempre en la historia del narcotráfico, el problema no se resolvió, solo se modificó. El cultivo de opio se trasladó a Birmania (Myanmar) y los narcotraficantes tailandeses se dedicaron a comerciar metanfetaminas. El futuro de la lucha contra las drogas en Tailandia se tornó incierto luego del golpe de Estado de mayo de 2014. El país integra, junto con Laos y Birmania, el llamado "Triángulo de Oro", en donde la producción de opio repuntó en el siglo XXI debido principalmente a la creciente demanda del mercado chino.

Irán también llegó a ser un país líder en la producción de opio, pero en 1955 el gobierno prohibió el cultivo de amapola, lo que impulsó el tráfico de la droga desde Afganistán o Pakistán. Los vaivenes de la historia iraní permitieron que en 1969 se legalizara la siembra, pero una década después, al iniciarse el régimen del ayatola Khomeini, quedó totalmente prohibida la producción y consumo.

En pocas palabras
En Asia existen legendarias, poderosas y secretas mafias que tienen el narcotráfico como uno de sus múltiples negocios.

26. Europa

La multiplicidad de países que integran la Unión Europea complica la puesta en marcha de una política integral y común con respecto al narcotráfico. Las medidas oscilan entre las leyes más radicales y prohibicionistas de Suecia, la permisividad y tolerancia existente en Holanda, España y Portugal con respecto al consumo de marihuana, o la estrategia de "reducción de daños" que se aplica en estos y otros países que entregan jeringas descartables a adictos para que se suministren heroína sin contagiarse de VIH y otras enfermedades. El continente es el segundo mercado en cantidad de consumidores de drogas después de Estados Unidos.

Reino Unido es el país que consume más drogas en Europa.

Según el Informe Europeo sobre Drogas 2013, los británicos encabezan las listas de consumo de cocaína, anfetaminas, marihuana y opio. Solo quedan relegados al tercer lugar en el caso de la marihuana. Irlanda y Dinamarca los siguen de cerca en todos los rubros. Al podio de la cocaína se suman España y Holanda; al de cannabis, Francia, y al de éxtasis, la República Checa.

Una de las organizaciones más temibles a escala internacional es la "mafia albanesa", que se fortaleció en los Balcanes durante la guerra de Kosovo, en 1999. Hoy está compuesta por diversas bandas criminales dedicadas principalmente a la explotación sexual de mujeres y al tráfico de armas y drogas, que distribuye en toda Europa.

El continente registra, desde hace décadas, un sólido y amplio consumo de marihuana, pero en los últimos años los gobiernos manifestaron su preocupación por la aparición de variados productos sintéticos similares al cannabis, que pueden ser más peligrosos porque están desarrollados en laboratorios y producen graves y desconocidos efectos secundarios. La marihuana es la droga de mayor consumo de los estudiantes europeos, en niveles que van del 5% que reporta Noruega, al 42% de la República Checa. Más de nueve millones de jóvenes europeos de entre 15 y 24 años fumaron en 2011 un estupefaciente, la segunda causa

¿Sabías que... uno de cada cuatro europeos adultos ha probado drogas ilegales por lo menos una vez en su vida?

más mencionada por las personas que inician un régimen de desintoxicación. Ese año, sesenta mil europeos solicitaron tratamiento médico para dejar de consumir cannabis, lo que contrastó con los cuarenta y cinco mil que lo habían hecho en 2006.

Por sus niveles de consumo y capacidad de compra, Europa es una región codiciada por organizaciones criminales que explotan todo tipo de caminos para atravesar sus fronteras con cargamentos de cocaína: cruzan el Atlántico en barco o en avión para llegar, de preferencia, a las costas portuguesas o españolas, a veces previa escala en algún país de África, o, como ocurre últimamente, a partir de la diversificación de rutas, en contenedores que arriban a Bélgica, Holanda, Bulgaria, Grecia y Rumania. No toda la cocaína está lista para su comercialización, por lo que los narcotraficantes montan en los países de destino laboratorios para terminar de procesarla o para extraerla de otros materiales en los que fue escondida, como jabones, alimentos y ropa.

Las 62 toneladas de cocaína decomisadas en 2011 representaron una caída de casi el 50% en comparación con las 120 toneladas reportadas en 2006. La reducción fue más drástica en España y Portugal, países que incautaron apenas 20 toneladas, en contraste con las 84 que habían reportado cinco años antes. Por el contrario, Francia e Italia informaron números récord en el secuestro de esta droga. Las cifras, contenidas en el Informe Europeo de Drogas 2013, demostraron un nuevo escenario que podría ser resultado de cambios globales en el mercado, en la actuación de las fuerzas de seguridad o en nuevos enfoques operativos de las organizaciones criminales.

El hachís proviene principalmente de Marruecos, en tanto que el opio y la heroína inician en Afganistán un largo camino hasta Turquía para después recorrer la ruta de los Balcanes (Bulgaria, Rumania y Albania), desde donde podrán entrar finalmente a la rica Europa. Según el Observatorio Europeo de las Drogas y las Toxicomanías, los opiáceos siguen siendo responsables del mayor número de muertes por consumo de drogas en Europa. La heroína, el derivado más riesgoso, provocó una primera epidemia a mediados de los años setenta y luego otra a finales de los noventa, pero su consumo ha ido en declive. En 2011 se reportaron seis mil quinientas muertes por consumo de heroína, lo que implica un leve descenso con respecto a los siete mil casos de 2010.

Italia cobija a cuatro de las nueve mafias más importantes del mundo: la Cosa Nostra, de Sicilia; la 'Ndrangheta, de Calabria; la Camorra, de Campania, y la Sacra Corona Unita, de Puglia. Las familias criminales italianas fueron pioneras en la expansión del tráfico de drogas y han hecho alianzas con cárteles de otros países, aunque sus negocios son múltiples y abarcan todas las actividades económicas del país. Se parecen, respetan tradiciones, tienen ceremonias estrictas de iniciación y cumplen normas para garantizar su supervivencia, pero también operan con matices, de acuerdo con la realidad histórica y social de cada una de las regiones a las que representan.

A su vez, los europeos han desarrollado una producción cada vez mayor de drogas sintéticas que, incluso, exportan a otras regiones, como Oriente Próximo, modificando así su tradicional papel de continente exclusivamente consumidor. Las autoridades han detectado importantes producciones de metanfetaminas y anfetaminas en Bélgica, Holanda y Polonia, además de que se han descubierto laboratorios en Bulgaria, Alemania y Hungría. En la República Checa hay reportes de pequeños laboratorios en donde se fabrican metanfetaminas para consumo personal. En el caso del éxtasis, la fabricación en Europa alcanzó un punto máximo en el año 2000, cuando se reportó el desmantelamiento de cincuenta laboratorios. Una década más tarde, solo se detectaron tres, y en 2011, uno. La reducción también se reflejó en el secuestro de la droga, que pasó de 23 a 4,3 millones de pastillas incautadas.

Los decomisos representan siempre una mínima parte de la droga que circula, son apenas un indicador del consumo y de la importancia del negocio. En Europa, por ejemplo, de las drogas incautadas en 2011, el 41% correspondió a cargamentos de marihuana; el

26%, a resina de hachís; el 10%, a cocaína; el 5% a metanfetaminas y anfetaminas; el 4% a heroína; el 1% a éxtasis.

Estas drogas han sido consumidas, en algún momento de su vida, por lo menos por ochenta y cinco millones de europeos adultos. De ellos, setenta y siete millones probaron la marihuana; 14,5 millones, la cocaína; 12,7 millones, las anfetaminas, y 11,4 millones, el éxtasis. Dinamarca, Francia y Reino Unido elevan la tasa, ya que por lo menos uno de cada tres adultos reconoce haber probado drogas ilegales. En cambio, en Bulgaria, Grecia, Hungría, Rumania y Turquía solo lo asume uno de cada diez.

Los gobiernos europeos han manifestado su preocupación por el auge de los cannabinoides sintéticos que imitan los efectos de la marihuana en su estado natural, pero que son mucho más potentes. Son llevados desde Asia en forma de polvo y se transforman y envasan en Europa.

En pocas palabras

Europa dejó de ser solo una región consumidora y ya produce valiosas drogas sintéticas.

27. África

La producción, tráfico y consumo de drogas ilegales se ha agravado en África en el siglo XXI, pero es muy difícil dimensionar el problema ante la escasez de datos que ofrecen los países del continente más empobrecido del mundo para la elaboración de informes internacionales. La Comisión de Drogas de África Occidental ya advirtió que la penetración de cárteles internacionales debilita las instituciones de países de por sí frágiles, amenaza la salud pública y afecta los esfuerzos de desarrollo. Se produce, además, una peligrosa connivencia entre organizaciones narcotraficantes y terroristas.

El narcotráfico en los dieciséis países que integran África occidental se convirtió en una amenaza a la seguridad internacional a principios de este siglo.

La incautación de más de veinte grandes cargamentos de cocaína, descubiertos entre 2005 y 2007, demostró que el tráfico de drogas estaba creciendo en la región, lo que podía permitir que las organizaciones criminales trasnacionales afectaran la estabilidad y explotaran el tráfico de armas y personas, así como el contrabando de migrantes, cigarros y medicinas ilegales que ya existe en el continente. La Oficina de Naciones Unidas contra la Droga y el Delito advirtió en su informe "Transnational organized crime in West Africa: a threat assessment" (Crimen organizado trasnacional en África occidental), publicado en 2013, que la lucha contra el narcotráfico es necesaria para consolidar la paz, la seguridad y la estabilidad política.

El aumento del tráfico de drogas en África ha preocupado a varios gobiernos, que temen que grupos extremistas islámicos, como Al Qaeda, exploten nuevos vínculos con cárteles colombianos para financiar sus actividades terroristas y fortalecer su presencia en países como Argelia, Marruecos, Mauritania, Mali, Chad y Nigeria. Las primeras señales de esta posible alianza fueron la caída de un avión con cocaína en Mali (zona de operación de los fundamentalistas) y la detención de tres sospechosos en un operativo antidrogas de la DEA en Ghana, que resultaron ser miembros de Al Qaeda. Los acusados fueron extraditados a Estados Unidos para ser juzgados por el delito de narcotráfico con fines de financiamiento al terrorismo.

¿Sabías que... la Comisión de Drogas de África Occidental (WACD, por sus siglas en inglés), fundada por Kofi Annan, impulsa la despenalización del consumo de drogas?

El organismo reveló que Venezuela, Colombia, Ecuador y Brasil son los principales puntos de partida de la cocaína que llega a la costa atlántica africana, en donde el kilogramo de la droga vale 13.000 dólares, pero aumenta a 24.000 dólares cuando sube al norte del continente y supera los 40.000 si logra ser llevada a algún país europeo. En 2010 pasaron por África occidental, principalmente Sudáfrica, Angola, Benín, Nigeria, Ghana, Togo, Sierra Leona, Guinea-Bisáu, Gambia, Senegal y Cabo Verde, 18 toneladas de cocaína, lo que representó una reducción con respecto al pico de 47 toneladas registradas en 2007. Sin embargo, implica un sostenido aumento si se compara con las 3 toneladas que fueron reportadas en 2004. Una de las rutas más consolidadas es la de la cocaína que sale de Brasil para llegar a Nigeria, en donde grupos criminales locales la reexportan hacia el vecino continente del norte. En efecto, la mayoría de los cargamentos de cocaína llega a África y parte hacia Europa por barco, pero es cada vez más frecuente la detención de "mulas" que viajan en vuelos comerciales.

En el caso de las metanfetaminas, las autoridades han detectado que Benín es un punto importante de envío de pastillas que se producen cada vez más en laboratorios locales para luego ser traficadas hacia el este de Asia. De hecho, entre 2008 y 2012, el número de africanos arrestados con metanfetaminas en Malasia creció de dieciocho a cincuenta y dos. El tráfico de precursores químicos, especialmente de efedrina, ha aumentado en Benín, Botsuana, Costa de Marfil, Guinea, Namibia, Nigeria, República Democrática del Congo y Zimbabue. El aumento de efedrina podría indicar que se están estableciendo laboratorios para la fabricación ilícita de estimulantes de tipo anfetamínico.

El tráfico de heroína en África oriental creció desde la década de los ochenta y se estima que actualmente el mercado local en esta región consume por lo menos 2,5 toneladas de heroína al año, con un valor de 160 millones de dólares.

Al igual que en el resto del mundo, la marihuana es la droga más consumida en este continente. Tiene una prevalencia del 7,5% y es

El crimen organizado trafica anualmente cocaína en África occidental por un valor de 1250 millones de dólares, cifra que supera el PBI de varios países de la región.

seguida por las drogas de diseño (0,9%), la cocaína (0,4%) y el opio y sus derivados (0,3%). La producción y consumo de cannabis ha crecido para su consumo local y exportación especialmente en Nigeria, Ghana y Senegal desde hace décadas, por lo que se han propuesto campañas de erradicación, pero sin ofrecerles alternativa de subsistencia a los agricultores.

La JIFE reportó en 2014 que en casi toda África se cultiva la planta de cannabis. Las mayores incautaciones se registran en Nigeria y Egipto, pero en Mozambique y Burkina Faso se han multiplicado los decomisos de abultados cargamentos. Marruecos sigue siendo el mayor productor de resina de cannabis (hachís), droga que ingresa a Europa principalmente por los puertos españoles.

En un esfuerzo por presumir de los logros de su lucha contra el narcotráfico, la agencia antidrogas de Nigeria reportó que, de 1990 a 2013, interceptó casi 3500 toneladas de narcóticos (2800 solo de marihuana) y arrestó a veintidós mil narcotraficantes, pero no pudo evitar las críticas por perseguir a vendedores callejeros y consumidores y proteger a los verdaderos líderes de las organizaciones criminales.

La WACD, presidida por el ex presidente de Nigeria Olusegun Obasanjo, publicó en 2014 el informe "No solo en tránsito: las drogas, el Estado y la sociedad en África occidental", en el que advirtió que Guinea-Bisáu representa un fenómeno particular, porque demuestra que los traficantes de cocaína pueden usar un proceso electoral para obtener el respaldo de ciertos gobiernos de la región. En 2005, narcotraficantes colombianos financiaron la reelección del presidente João Bernardo "Nino" Vieira, lo que les permitió operar con tranquilidad en el país. En los años siguientes, fueron reiteradas las denuncias de complicidad de funcionarios del gobierno y militares con el tráfico de drogas. Después del golpe de Estado de abril de 2012, los militares se apoyaron en el narcotráfico como eje de la actividad económica. Guinea-Bisáu se convirtió en un narcoestado.

A raíz de este informe, el fundador de la WACD y ex secretario general de Naciones Unidas, Kofi Annan, advirtió que la localización de África occidental la convierte en un punto de tránsito entre los centros de producción (América Latina y Asia) y los mercados de consumidores (Europa y Estados Unidos), pero el riesgo es que en los países de tránsito, por el dinero que mueven, las drogas ilegales desestabilicen las sociedades.

La revista alemana *Der Spiegel* denunció en 2013 que el cártel de Sinaloa, encabezado por el temible narcotraficante Joaquín "el Chapo" Guzmán, había abierto una nueva ruta africana para traficar drogas hasta Europa. La base era Guinea-Bissau, en donde aprovechaba la corrupción imperante para mandar cargamentos de cocaína en vuelos comerciales de mediano alcance.

"Esta inquietante evolución, derivada de la fracasada guerra mundial contra las drogas, amenaza con invertir los recientes beneficios económicos y sociales obtenidos en nuestra región", afirmó Annan al denunciar, como cientos de personalidades en todo el mundo, que el enfoque aplicado al narcotráfico y consumo de drogas desde hace décadas ha sido equivocado:

> Ya sabemos que el comercio de estupefacientes ha desempeñado un papel, directo o indirecto, en las convulsiones políticas de países como, por ejemplo, Guinea-Bisáu y Mali. Se deben aumentar las medidas nacionales e internacionales contra los traficantes, los que dirigen las redes, en lugar de gastar unos recursos escasos en perseguir a los "soldados rasos". Debemos perseguir a quienes más ganan, sean quienes sean y ocupen el cargo que ocupen (Annan, 2014).

Annan también alertó sobre el consumo porque África no está preparada ni equipada para enfrentar la cada vez mayor disponibilidad de drogas que hay en el continente.

Los datos le dan la razón al ex secretario general de la ONU, ya que, a nivel mundial, uno de cada seis consumidores problemáticos de drogas recibe tratamiento, pero en África apenas uno de cada dieciocho drogodependientes obtiene atención médica.

En pocas palabras

África forma parte de la estratégica ruta de organizaciones criminales de Asia y América Latina que trafican drogas a Europa.

Capítulo 6
Heridas de guerra

28. Víctimas

El narcotráfico, el consumo de drogas y la guerra para combatirlos dejan víctimas de todo tipo, en todas partes: los adictos que mueren por sobredosis; los cientos de miles de muertos por la disputa de territorios o de mercancías; los campesinos sumidos en la pobreza y que solo pueden sobrevivir con la siembra de adormidera, hoja de coca o marihuana; las comunidades desplazadas por la violencia, los cadáveres sin identificar amontonados en fosas comunes; las "mulas", que, a cambio de unos cuantos dólares, aceptan utilizar su cuerpo para transportar drogas, y los presos que cumplen condenas por delitos que no deberían ser tales. El fracaso de las políticas globales en torno a las drogas ha convertido en víctimas a sociedades enteras.

Cada año, unas doscientas once mil personas mueren en el mundo por consumir drogas.

Según la JIFE, el riesgo es especialmente alto en jóvenes. En Europa, la edad promedio de muerte por consumir algún tipo de droga es de apenas 35 años.

La tasa de mortalidad más alta del mundo está, sin embargo, en América del Norte. Y no es difícil saber por qué, ya que Estados Unidos es el país en donde más se consume todo tipo de drogas. En 2011, en la región murieron cerca de cuarenta y ocho mil personas por inyectarse heroína, inhalar cocaína o tomar metanfetaminas. Es la tasa de mortalidad más alta del mundo: 155,8 por millón de habitantes entre la población de 15 a 64 años.

Son tantos los casos de "mulas" que arriesgan su vida al transportar droga en su cuerpo (por vía anal, vaginal o estomacal) que Argentina creó una Unidad Especial de Encapsulados para atenderlas en el hospital de Ezeiza, cercano al aeropuerto internacional. De 2012 a 2013 fueron atendidas ochenta personas, entre ellas mujeres embarazadas, a quienes se les extrajeron en total 640 kilogramos de cocaína en cápsulas. La mayoría procede de Sudamérica, en particular de Perú, e intenta hacer conexión con vuelos a Europa.

¿Sabías que... el 80% de los arrestos por delitos de drogas en Estados Unidos es por posesión de cantidades mínimas de estupefacientes?

El consumo también produce víctimas por contagio de enfermedades. De los catorce millones de consumidores de drogas por inyección que hay en el mundo, 1,6 millones viven con VIH, 7,2 millones con hepatitis C y 1,2 millones con hepatitis B.

Víctimas son, por ejemplo, los cientos de miles de mexicanos y colombianos asesinados en distintos y sangrientos períodos de sus respectivas guerras contra el narcotráfico. Son campesinos, periodistas, jueces, defensores de los derechos humanos, padres y madres que perdieron a sus hijos desaparecidos o asesinados, viudas y huérfanos que siguen esperando algún tipo de reparación. Hombres abatidos en un fuego cruzado, condenados sin juicio. Madres que fueron asesinadas por exigir justicia, por denunciar la desaparición de sus hijos. Jóvenes a los que el Estado no les ofrece oportunidades de estudio ni de empleo y que son fácilmente cooptados por los cárteles.

Las "mulas", "burros" o *"burriers"* muestran uno de los rostros más tristes del narcotráfico. Son hombres y mujeres (no siempre pobres, no siempre latinoamericanos) que, a cambio de un puñado de dólares, se tragan cápsulas con cocaína para llevarlas de un continente a otro. Si una sola explota, morirán en medio de fuertes dolores. Si fallecen mientras las están ingiriendo, los narcotraficantes les abren el tórax en cruz para recuperar su mercancía. Es lo único que importa. También las pueden introducir en el ano, en la vagina, en implantes mamarios. Cada "mula" puede transportar, en promedio, ochenta cápsulas, aunque el récord mundial se registró en Argentina, en donde una persona detenida evacuó durante treinta horas 298 cápsulas de la droga, que se había metido por todos los orificios posibles de su cuerpo.

La organización Open Society denunció en 2012 que, en los últimos cinco años, la población penitenciaria femenina de América Latina había aumentado casi al doble, de cuarenta mil a setenta y cuatro mil presas. La inmensa mayoría cumplía condenas por delitos menores relacionados con el narcotráfico, principalmente por ser "mulas", uno de los eslabones más vulnerables de la larga cadena narco que vuelve millonarios a muy pocos.

Otra organización, Human Rights Watch, ha documentado las violaciones a los derechos humanos derivadas de la guerra contra el narcotráfico. En Estados Unidos, las penas de prisión por los delitos relacionados con las drogas son desproporcionadas y en su aplicación privan los prejuicios raciales. Unas quinientas mil personas, que representan la cuarta parte de su población carcelaria, cumplen condenas o están sometidas a procesos judiciales por delitos mínimos de posesión, consumo o tráfico. En Estados Unidos, Canadá y Rusia, el miedo a medidas represivas desalienta a usuarios de drogas a atenderse en hospitales o centros médicos. Quedan expuestos a la violencia, a la discriminación y a enfermedades. En India, Ucrania y Senegal, pacientes con cáncer sufren dolores severos porque es casi imposible conseguir morfina debido a las estrictas regulaciones de control de drogas. En China, Vietnam y Camboya, hay supuestos centros de rehabilitación para drogodependientes en donde los pacientes son sometidos a torturas, trabajos forzados y abusos sexuales.

> En Afganistán hay agricultores que ofrecen a sus hijas en matrimonio para pagar préstamos o deudas que adquieren con narcotraficantes para financiar la siembra de amapola. A estas víctimas se las conoce como "las novias del opio".

Los consumidores también son víctimas, porque permanentemente se violan sus derechos.

En 2014, el Colectivo de Estudios Drogas y Derecho, que incluye a investigadores de ocho países latinoamericanos, publicó el informe "En busca de los derechos: usuarios de drogas y las respuestas estatales en América Latina", en el que demostró, con el apoyo de la Oficina en Washington para Asuntos Latinoamericanos (WOLA) y el Transnational Institute (TNI), que la estigmatización condena a los usuarios de drogas aun por encima de las leyes.

En Argentina tres de cada cuatro causas judiciales iniciadas en 2011 por infracciones a la ley de drogas en la ciudad de Buenos Aires fueron por el delito de tenencia de estupefacientes para consumo personal. En Ecuador, en 2014 se encontraban en prisión y con sentencia condenatoria 5103 personas acusadas de posesión de sustancias psicotrópicas. En México hubo 140.860 detenidos por consumo de drogas entre 2009 y mayo de 2013, misma causa por la que en Bolivia se aprehendió a 6316 personas entre 2005 y 2011.

Los datos serían solo estadísticas si no fuera porque en esos países el consumo no está tipificado como delito.

La violación flagrante a los derechos de los consumidores provoca situaciones extremas en países como Malasia, China, Egipto, Emiratos Árabes, Indonesia, Laos, Libia, Tailandia y Yemen, en

Los niños sicarios en México son víctimas de la falta de políticas efectivas de protección a la infancia. La Comisión de Seguridad Pública de la Cámara de Diputados reveló en 2013 que por lo menos treinta mil menores de edad trabajaban para los cárteles, con sueldos de 600 a 3000 dólares mensuales por vigilar territorios o asesinar a rivales. Entre 2012 y 2013, el Ejército detuvo a 473 niños que trabajaban para alguna banda del crimen organizado. La mayoría proviene de las provincias más pobres del país, en donde son escasas las oportunidades para estudiar o trabajar legalmente.

donde los delitos relacionados con las drogas se castigan, directamente, con la pena de muerte. Amnistía Internacional denuncia casos como los de Gambia, en donde basta poseer 250 gramos de heroína o cocaína para ser condenado a morir; o Malasia, Singapur y Tailandia, en donde más de la mitad de este tipo de castigos se debe a delitos relacionados con el consumo o tráfico de drogas. En Irán, la posesión de metanfetaminas se sanciona con la pena capital, incluso para menores de edad.

Víctimas también son los ciudadanos colombianos y mexicanos estigmatizados, a quienes se los vincula con el narcotráfico solo por su nacionalidad y son obligados a escuchar, cuando estalla algún escándalo de drogas en otro país, que se hable de "colombianización" y "mexicanización" con una ligereza e ignorancia pasmosas.

En pocas palabras

La guerra contra las drogas provoca un saldo innumerable de víctimas debido tanto al consumo como a la violencia derivada del narcotráfico ejercida por los criminales y los Estados.

29. México, saldo rojo

La violencia del narcotráfico venía creciendo de manera sostenida en México desde fines del siglo pasado, pero se disparó por completo a partir de diciembre de 2006, cuando el presidente Felipe Calderón no tuvo mejor idea que lanzar una guerra interna y militarizar el combate al narcotráfico en aras de legitimar un gobierno que inició con una diferencia mínima de votos, después de una elección que quedó marcada para siempre por la sospecha de un fraude. Sin contar con ningún experto en seguridad y narcotráfico en su gabinete, sin haber hablado jamás del tema en su campaña, Calderón se sumergió en una guerra que ensangrentó al país; que, en lugar de resolver el problema, lo agravó, y que le valió denuncias internacionales en las que se lo acusó de cometer delitos de lesa humanidad.

El 1º de junio de 2007, Adán Abel Esparza Parra, un campesino de 29 años, manejaba la camioneta en la que iba junto con su esposa, su hermana, una maestra y sus cuatro hijos. Venían por la sierra sinaloense, de regreso de unos cursos de capacitación para maestros rurales, cuando se toparon con militares del 24º Regimiento de Caballería que, sin previo aviso, comenzaron a dispararles por haber pasado un retén militar que no estaba bien identificado.

Los esfuerzos de Adán por detener la masacre, por avisar que solo venía con su familia y que en el vehículo viajaban niños fueron inútiles. Cuando se dieron cuenta de lo que habían hecho, los militares manipularon la escena, retardaron el pedido de ayuda y fraguaron una versión para culpar a las víctimas de la tragedia. Las investigaciones comprobaron que varios de los soldados estaban drogados y que habían metido marihuana a la camioneta para acusar a las víctimas de narcotraficantes. Solo sobrevivió Adán, uno de sus hijos y la maestra.

Este fue uno de los primeros casos que demostró que la guerra contra el narcotráfico iniciada por el presidente mexicano Felipe Calderón en diciembre de 2006 estaba sirviendo de pretexto para que el Ejército, en su obsesión de perseguir a narcotraficantes, matara inocentes.

¿Sabías que... la guerra al narcotráfico en México dejó, en el sexenio 2006-2012, un saldo oficial de setenta mil muertos y veintiséis mil desaparecidos?

Un solo asesinato tendría que haber bastado para detener la guerra, para que el gobierno repensara su estrategia. Por el contrario, el presidente calificó las muertes como "daños colaterales", el ofensivo eufemismo con el que, desde entonces, se refirió a las víctimas que continuaron acumulándose durante los años siguientes y a las que se acusaba, a priori, de pertenecer a pandillas o a cárteles.

Los abusos oficiales aparecieron desde el inicio de la guerra al narcotráfico. En mayo de 2007, el asesinato de cinco militares en Carácuaro, un poblado de Michoacán, fue vengado con una violenta y masiva incursión a varios pueblos, en los que los soldados detuvieron a cuarenta y tres personas y las acusaron, sin pruebas, de estar vinculadas con el tráfico de drogas. Meses más tarde, la Comisión Nacional de Derechos Humanos denunció que, durante el operativo, los militares habían cometido los delitos de tortura, abuso sexual, retención arbitraria, tratos crueles, degradantes e inhumanos, lesiones y detenciones arbitrarias.

Las historias de los "daños colaterales" se multiplicaron en el gobierno de un presidente que actuó más como jefe militar que como jefe de Estado y que llegó al extremo, incluso, de dictar sentencia antes de que se averiguaran los crímenes.

Así ocurrió el 31 de enero de 2010, cuando un grupo de sicarios asaltó una fiesta de estudiantes en Ciudad Juárez y mató a dieciséis jóvenes y dejó heridos a decenas más. Fue una de las muchas tragedias que conmocionaron a la ciudad epicentro de la guerra narco, la misma que se convirtió en sinónimo de violencia durante el sexenio calderonista. De gira por Japón, a miles de kilómetros de distancia, el presidente no se ruborizó al anunciar que los jóvenes "probablemente" habían sido asesinados por otro grupo "con el que tenían cierta rivalidad" porque eran "pandilleros". Otra vez, como pasó a lo largo de todo su gobierno, las víctimas eran culpables a priori, porque "en algo andaban". Las investigaciones mostraron cuán equivocado estaba.

> Ciudad Juárez se volvió un triste emblema de la violencia del narcotráfico en México por ser territorio en disputa de los cárteles de Juárez y de Sinaloa.

Calderón jamás se arrepintió de su guerra ni reconoció error alguno. Celebró decenas de detenciones de jefes del narcotráfico, sin darse cuenta de que se enfrentaba a un monstruo de mil cabezas. Sí, capturó a más de setenta capos, pero nada de ello detuvo el consumo de drogas, el narcotráfico, la violencia, la pelea a sangre y fuego por los territorios, la división de cárteles en células criminales. Tal como pasó en Colombia, el negocio solamente cambió de manos.

El miedo a gran escala, la tristeza y el luto infinitos se incrustaron en varias regiones del país, que lloraron a las víctimas atrapadas en el fuego cruzado entre las Fuerzas Armadas y los cárteles, los cuales se multiplicaron por las peleas internas de los propios grupos criminales, cada vez más sanguinarios para secuestrar, extorsionar, corromper, asesinar y disputar territorios.

Como todas las guerras del mundo, la que se lleva adelante contra el narcotráfico en México dejó un panorama desolador y de difícil solución. La descomposición social se reflejó en el desplazamiento de miles de personas, en el asesinato récord de perio-

Las amenazas, extorsiones, censura, secuestros y asesinatos de periodistas se multiplicaron en México durante la guerra contra el narcotráfico. Y los ataques no provinieron solamente de los delincuentes, sino de las autoridades, cuya primera responsabilidad fue no investigar ni promover justicia y, en muchos casos, acusar a la víctima, de antemano y sin pruebas, de vínculos con el crimen organizado. En el libro *Tú y yo coincidimos en la noche terrible*, un colectivo de escritores y periodistas rescató las biografías de los ciento veintisiete periodistas y trabajadores de la información asesinados o desaparecidos entre 2000 y 2012. "La brutalidad, la tristeza, la nostalgia y la impunidad que hay en la raíz escrita de todas estas muertes y desapariciones son un altar a su memoria, un altar a nuestra perplejidad [...] este libro es su derecho a ser recordados", escribió Lolita Bosch, una de las coordinadoras del proyecto (Bosch y Vélez Salas, 2012).

distas y defensores de los derechos humanos. En esos años, México se convirtió en el país más peligroso para ejercer el periodismo. La violencia se volvió algo cotidiano. Niños y adultos vieron, a plena luz del día, en las ciudades en disputa, cuerpos colgando de puentes, cabezas rodando en las calles, mantas con mensajes narco en puentes peatonales, armas, balaceras, fosas comunes, ciudades fantasmales. Asesinatos, uno tras otro o masivos, todos los días. Los mexicanos supieron de los cárteles de Sinaloa, el Golfo, Ciudad Juárez, Tijuana, los Zetas, la Familia Michoacana, los Caballeros Templarios, y de narcotraficantes con apodos singulares, como "la Tuta", "la Barbie", "el Talibán", "el Mochomo", "el Mataperros", "la Puerca" y "el Pozolero".

Los migrantes protagonizan una de las muchas historias de terror vividas en México. En agosto de 2010, el cártel de los Zetas asesinó a setenta y dos migrantes en el estado de Tamaulipas. Los cuerpos amontonados de cincuenta y ocho hombres y catorce mujeres que se negaron a sumarse al cártel y que no pudieron pagar su libertad pusieron al descubierto la persecución y acoso que enfrentan los cientos de miles de migrantes, principalmente centroamericanos, que atraviesan el territorio mexicano de manera ilegal con la ilusión de llegar a Estados Unidos, pese al riesgo de ser secuestrados o asesinados por los cárteles. Las masacres continuaron en los años siguientes.

Hubo, también, un fenómeno particularmente estremecedor: el juvenicidio. Jóvenes, algunos de ellos enrolados en los cárteles, que mataban jóvenes. Uno de cada cuatro muertos en Ciudad Juárez tenía entre 12 y 24 años de edad, y sus ejecutores, entre 20 y 29. La mitad de los treinta y seis millones de mexicanos menores de 26 años son pobres y una cuarta parte no tiene acceso a la educación ni al trabajo. El narcotráfico, para ellos, se convierte casi en la única opción.

Calderón terminó su gobierno en diciembre de 2012, sin haber podido (o sin haber querido, según algunos de sus detractores) capturar a la presa mayor, Joaquín "el Chapo" Guzmán, el líder del cártel de Sinaloa. Los cárteles estaban dispersos por todo el país. El gobierno reconocía muertes y desapariciones, pero de los heridos, las viudas, los huérfanos y de los más de trescientos mil mexicanos desplazados poco se sabía. En 2014, el secuestro de cuarenta y tres estudiantes en el estado de Guerrero logró visibilizar a nivel internacional el drama de las decenas de miles de desaparecidos que se seguían apilando bajo el gobierno de Enrique Peña Nieto. Las protestas en contra del presidente mexicano se hicieron globales. El mundo se enteró de que la guerra contra el narcotráfico solamente había provocado más violencia, más injusticia y más dolor.

En pocas palabras

La inútil guerra contra el narcotráfico que se libró en México dejó una estela de víctimas inocentes que siguen esperando justicia.

30. Colombia: en busca de la reparación

El narcotráfico no se puede analizar como un problema aislado en ningún país, pero en Colombia, de manera particular, está atado a una serie de factores que vuelven aún más complejo cualquier análisis. Hay cientos de miles de víctimas, pero ¿quiénes son los responsables?: ¿los narcotraficantes, sus cómplices, el Estado, los paramilitares, la guerrilla, la sociedad que invisibilizó durante mucho tiempo a los muertos, a los desplazados? En 2013, el Centro Nacional de Memoria Histórica presentó el estremecedor informe *¡Basta ya! Colombia, memoria de guerra y dignidad*, que planteó la necesidad de reparación en un país asolado por la violencia.

Pablo Escobar simboliza la relación directa entre narcotráfico y violencia.

Bajo su mando, el cártel de Medellín ejerció el narcoterrorismo y cometió seiscientos veintitrés atentados, en los que murieron más de cuatrocientos civiles. Mil setecientos inocentes sobrevivieron, pero con heridas y secuelas graves. Según un detallado recuento publicado por la revista colombiana *Semana*, quinientos cincuenta policías fueron asesinados por órdenes del Patrón, que pagaba generosas sumas por cada crimen.

El cártel quería aterrorizar a la población y lo logró. Tan solo entre septiembre y diciembre de 1989, hizo estallar un centenar de bombas en supermercados, bancos, escuelas y empresas, en donde era evidente que las víctimas no serían rivales ni miembros de las fuerzas de

El informe *¡Basta ya!* denunció que el papel de miembros de la fuerza pública en la victimización de civiles es condenable e inquietante, pues se presume su participación en ciento cincuenta y ocho masacres y dos mil trescientos asesinatos selectivos. Muchos de estos casos se presentaron como bajas en combate cuando fueron en realidad ejecuciones extrajudiciales. Diversos testimonios relacionaron a miembros de la fuerza pública, por acción u omisión, con hechos de violencia cometidos por grupos paramilitares.

¿Sabías que... entre 1958 y 2012 el conflicto armado dejó un saldo de 218.094 muertos y cinco millones setecientos mil desplazados en Colombia?

seguridad, sino niños y adultos inocentes. Las bombas se replicaron en 1990 en sucursales de todo el país de la cadena Drogas La Rebaja, propiedad de sus enemigos del cártel de Cali, y en los dos años siguientes, en diversos lugares públicos de Bogotá y Medellín.

Escobar dejó el triste recuerdo del atentado en contra del Departamento Administrativo de Seguridad, el organismo de inteligencia de Colombia, que mató a setenta personas en 1989, el mismo año en el que mandó hacer estallar un avión de Avianca, en el que murieron ciento once pasajeros.

Quedan en la memoria, también, los conmocionantes asesinatos de los candidatos presidenciales Luis Carlos Galán, Carlos Pizarro, Jaime Pardo Leal y Bernardo Jaramillo Ossa; los ministros de justicia Rodrigo Lara Bonilla y Enrique Low Murtra; el procurador general Carlos Mauro Hoyos; el gobernador de Antioquia Antonio Roldán Betancur, y los periodistas Diana Turbay, Jorge Enrique Pulido y Guillermo Cano Isaza, director del diario *El Espectador*.

La violencia narco y sus víctimas no se pueden achacar, por supuesto, solo al cártel de Medellín.

El Grupo de Memoria Histórica de la Comisión Nacional de Reparación y Reconciliación, integrado por prestigiosos sociólogos, historiadores, politólogos, antropólogos, periodistas, abogados y economistas colombianos, presentó en 2013, luego de seis años de trabajo, el informe *¡Basta ya!*, que se convirtió en un ejercicio inédito –y necesario– de denuncia y memoria sobre el impacto de la violencia sufrida por la población civil por parte de diversos actores, entre ellos los narcotraficantes.

Los investigadores explicaron que los grupos narcotraficantes se enlazaron con el conflicto armado a principios de los años ochenta, al sumarse como aliados, financistas o promotores de las agrupaciones paramilitares. De manera paralela, se transformaron en proveedores indirectos de recursos para las guerrillas, en particular para las FARC, que exigían el pago de cuotas por los cultivos y laboratorios. Consiguieron su tajada del negocio. Progresivamente y de la mano de los paramilitares, el narcotráfico se incorporó de manera directa al conflicto armado, se enfrentó en algunas regiones con las guerrillas por el control de rutas y cultivos y, en los últimos años, incluso estableció alianzas con ellas.

El documento concluyó que el narcoterrorismo que emprendió el cártel de Medellín en la década de los ochenta

> En solo veinte años, más de quince mil personas murieron en Colombia por la guerra contra el narcotráfico, cinco mil quinientas de ellas entre 1989 y 1993, durante el último período de auge del cártel de Medellín.

tuvo un profundo impacto en la guerra, pues debilitó al extremo al Estado, generó un rechazo generalizado a los actores violentos y distorsionó por completo la naturaleza del conflicto cuando, por ejemplo, miembros de ese cártel cometieron crímenes contra la Unión Patriótica. También recordó que, desde su nacimiento, el narcotráfico quiso tener influencia política y hacerse con el poder del Estado. Gracias a esa estrategia, Escobar logró un escaño en el Congreso, el cártel de Cali financió la campaña del presidente Ernesto Samper, y las Autodefensas Unidas de Colombia, pagadas por el narcotráfico, se convirtieron en una fuerza política detrás de congresistas, alcaldes y gobernadores.

De acuerdo con el Grupo de Memoria Histórica, el mayor impacto del narcotráfico en la guerra colombiana ha sido posiblemente la manera en que se entrecruzaron la lucha contrainsurgente y la guerra contra las drogas. Esto fue llamativo de manera especial con el Plan Colombia, aprobado como una estrategia para detener la producción y comercio de cocaína, pero que terminó siendo el punto de quiebre en el combate a la guerrilla, ya que el 60% de sus recursos se asignaron al fortalecimiento de las fuerzas militares. El discurso del Estado no estableció diferencias entre guerrilla y narcotráfico, y trató a los grupos insurgentes como cárteles de la droga. Este desconocimiento del carácter político de los guerrilleros y su designación como meros criminales tuvo consecuencias como la extradición de jefes de estos grupos armados, a pesar de que la Constitución colombiana prohíbe que los delitos políticos sean juzgados por otras naciones.

El narcotráfico es un tema prioritario en las negociaciones de paz que llevan a cabo el gobierno colombiano y las FARC en Cuba. En mayo de 2014, ambas partes anunciaron en un comunicado un acuerdo para la "Solución al problema de las drogas ilícitas", cuarto punto de la agenda, basado en la sustitución de cultivos, planes integrales de desarrollo y recuperación ambiental. También reconocieron que el cultivo, la producción y comercialización de las drogas ilícitas han atravesado, alimentado y financiado el conflicto interno, y advirtieron que se debe abordar el consumo con un enfoque de salud pública e intensificar la lucha contra las organizaciones criminales dedicadas al narcotráfico, incluyendo actividades relacionadas como las finanzas ilícitas, el lavado de activos, el tráfico de precursores y la lucha contra la corrupción, desarticulando toda la cadena de valor del narcotráfico.

La incidencia del narcotráfico en el problema agrario, que ha marcado la historia del país y que explica el origen de las guerrillas, también es evidente. Desde hace tres décadas los narcotraficantes se apropiaron de las mejores tierras del país, a veces comprándolas por encima del precio para lavar activos y distorsionando el mercado, otras veces haciéndose de ellas por la fuerza para mantener un control territorial e impulsar los cultivos ilícitos. En el plano cultural, los cárteles fortalecieron el imaginario del dinero fácil y el ascenso social inmediato como un incentivo para la violencia entre jóvenes y sectores marginados, lo que convirtió en víctima a toda una sociedad.

En pocas palabras

Colombia arrastra una historia de violencia que ha dejado miles de víctimas y en la que los narcotraficantes han sido actores centrales.

Capítulo 7
Cultura narco

31. Sicarios

El *Diccionario de la Real Academia Española* asegura que un sicario es un "asesino asalariado". La breve definición no alcanza a dimensionar la tragedia social que significan los sicarios en el mundo del narcotráfico, en donde los cárteles reclutan cada vez más niños y adolescentes sin recursos para entrenarlos como asesinos profesionales. La otra vertiente del sicariato del siglo XXI la protagonizan elementos de las fuerzas de seguridad que abandonaron la legalidad para poner su entrenamiento profesional al servicio del crimen organizado. La RAE incurre en un anacronismo, además, en cuestiones de género, porque asume que "sicario" es masculino, pese a que cada vez son más frecuentes los testimonios de las "sicarias", niñas, adolescentes y adultas que asesinan por orden de los cárteles.

Edgar Jiménez Lugo, alias "el Ponchis", fue detenido por un grupo de soldados el 3 de diciembre de 2010 en el aeropuerto de Cuernavaca, en México, cuando estaba a punto de escapar a Estados Unidos junto con una de sus hermanas. Al registrarlo, los militares encontraron dosis de cocaína y marihuana en su pantalón, más dos armas cargadas, de uso exclusivo del Ejército, en el equipaje que había documentado.

También le quitaron un par de teléfonos celulares. Cuando los revisaron, los soldados encontraron videos de torturas dantescas. En uno de ellos, se ve a dos hombres colgados en un cuarto y a los que Jiménez Lugo golpea con un palo que tiene las siglas CPS, del cártel del Pacífico Sur. Otra imagen muestra a un hombre asesinado al que se le arrancó la piel del pecho, el abdomen y el brazo izquierdo.

La captura del Ponchis podría haber sido una más de las cruentas noticias relacionadas con el narcotráfico en medio de la guerra que llevaba a cabo el presidente Felipe Calderón en México, pero causó conmoción porque el acusado tenía solo 14 años. Era un niño. Uno de los tantos que los cárteles estaban capturando y adiestrando como sicarios y de los que poco se sabía hasta entonces.

Jiménez Lugo, nacido en San Diego, Estados Unidos, vivía en el estado de Morelos, en México, adonde se lo llevaron algunos familiares después de que su mamá lo abandonara cuando era

¿Sabías que... en México hay sicarios que pueden ganar unos 500 dólares mensuales, así maten a una o a diez personas? Es el triple de lo que ganarían como obreros.

pequeño. Aunque estudió los primeros tres años de la primaria, ni siquiera aprendió a leer bien. Comenzó a robar, a andar en las calles, hasta que, a los 12 años, fue "levantado" por Julio de Jesús Hernández Radilla, líder de los sicarios del cártel del Golfo del Pacífico, quien le prometió casa y trabajo a cambio de someterse, junto con otros niños, a un entrenamiento militar que incluía castigos con golpes. Luego de la acelerada preparación, el Ponchis y sus compañeros empezaron a cumplir con un trabajo criminal que consistía, básicamente, en secuestrar a rivales, interrogarlos y asesinarlos.

El niño participó en el asesinato de un hombre al que le sacaron el cerebro para poner, en su lugar, carne picada. Su cuerpo fue tirado en una carretera. También secuestró, junto con otros niños, a cuatro hombres que fueron llevados a una casa para ser golpeados y ahorcados con cintas plásticas. Los decapitaron y les cortaron los genitales y otras partes del cuerpo. Finalmente, colgaron los cuerpos destazados en un puente.

"He matado a cuatro personas, los degollaba. Me sentía mal al hacerlo, me obligaban. Que si no lo hacía me iban a matar", confesó Jiménez Lugo, quien salió de la cárcel tres años después de su detención porque era menor de edad. A los 17 años, con cinco asesinatos y tres años de prisión a cuestas, se fue a Estados Unidos. Estaba en libertad, pero temía que sus antiguos jefes lo mandaran matar.

En los años ochenta, el párroco colombiano Ramón Arcila, de la parroquia de María Auxiliadora, en Medellín, comenzó a recibir extrañas peticiones de hombres que rezaban para "llegar bien a Estados Unidos" o para tener "puntería y valor". Eran los narcotraficantes, que transformaron esa iglesia en centro de veneración de *la Virgen de los sicarios*, nombre de la famosa novela del autor Fernando Vallejo.

La historia del Ponchis, a quien las propias autoridades identificaron como una víctima por su historia de abandono familiar y social, se diferencia de la de otros asesinos a sueldo, no solo por su edad, sino porque fue obligado a sumarse al crimen organizado.

Hay jóvenes que, por lo contrario, se incorporan voluntariamente a las filas de los cárteles, deslumbrados por la posibilidad de ganar mucho dinero en poco tiempo, bajo la premisa de que "más vale vivir diez años como rey, que cincuenta como buey". El sicariato se vuelve un modelo criminal y cultural según el cual no importa amenazar, torturar o asesinar, porque gracias a eso se obtendrán recursos para comprar mujeres, autos, joyas y propiedades. El deseo de bienes materiales y la impaciencia se mezclan con la falta de alternativas de educación y empleo por parte del Estado, que contrastan con la puerta que el crimen organizado les abre a todos aquellos que estén dispuestos a matar a otros.

> La detención de menores involucrados en homicidios, conocidos como "niños sicarios", está aumentando en Guatemala. En los primeros tres meses de 2014 las autoridades reportaron treinta y seis casos de niños y adolescentes de ambos sexos que mataron a otras personas por encargo.

A la población infantil y juvenil de escasos recursos que se convierte en mano de obra de los cárteles se le suman los sicarios especializados, los que provienen de las fuerzas de seguridad, ya sea la Policía o el Ejército, capacitados incluso en el extranjero pero que, también atraídos por las fortunas que produce el narcotráfico, aceptaron incorporarse al crimen organizado y hasta formaron sus propios cárteles.

En Brasil, los niños y jóvenes sicarios enfrentan tal clima de violencia extrema en las favelas que se parecen más a los menores reclutados como soldados en las guerras que a los sicarios que operan en regiones urbanas. La coincidencia, sin importar el país, es que los sicarios deben pasar pruebas como matar gente al azar, mostrar "valor", como reconoce uno de ellos en el documental *Narcocultura*, de 2013 (dirigido por Shaul Schwarz), al hablar sobre su trabajo criminal: "Pierdes miedo a la ley, eso es lo primero. No puedes mostrar temor o duda, porque, si no, no les sirves". En algunos casos, el entrenamiento implica jugar violentos videojuegos durante varios días consecutivos, para habituarlos a elimi-

Un juez ordenó, en agosto de 2014, la liberación de John Jairo Velásquez Vásquez, alias "Popeye", el ex jefe de sicarios del cártel de Medellín, que había pasado veinticuatro años en la cárcel. Uno de los pocos sobrevivientes del círculo cercano a Pablo Escobar, logró la reducción de su pena cuando tenía 52 años. Desde su captura, reconoció que había matado a más de trescientas personas, entre ellas el candidato presidencial Luis Carlos Galán, y que había coordinado la muerte de otras tres mil víctimas. También fue responsable del secuestro del ex presidente Andrés Pastrana y de decenas de atentados con bombas. En múltiples entrevistas detalló los crímenes del cártel y la personalidad de Escobar, y asumió que le temía a la libertad porque antiguos enemigos querrían matarlo.

nar "objetivos" en la vida real, aunque sean personas de carne y hueso.

Las sicarias son un tema aparte.

En los últimos años, los medios de comunicación han reportado el viraje de los cárteles a la preparación de niñas y adolescentes como asesinas a sueldo. Las reclutan y entrenan. Si son bellas, mejor, porque así se convierten en mejor anzuelo para engañar a sus víctimas. En 2010, un presunto miembro de La Línea, el brazo armado del cártel de Juárez, confesó a las autoridades que ya contaban con un grupo de más de veinte sicarias de entre 18 y 30 años que cumplían los "trabajos" con la misma frialdad que un hombre.

En pocas palabras

Los sicarios son utilizados por el crimen organizado para vengarse de sus rivales y atemorizar a la población.

32. "Narcocorridos"

Los corridos que, al compás de la música norteña, contaban las andanzas revolucionarias en el México de principios del siglo XX, fueron retomados y transformados para retratar, décadas después, el mundo del narcotráfico y ensalzar la figura de capos descritos como hombres valientes y benefactores, a los que se aplaude y admira por sus crímenes. Hoy, los "narcocorridos" que tanta curiosidad despiertan en otros países forman parte de la cultura popular y representan una millonaria industria musical en la que participan bandas que convocan a públicos masivos en México y en Estados Unidos.

Micrófono en mano, el cantante de saco rojo brillante camina de un lado a otro del escenario. Abajo, amontonadas en primera fila, las mujeres deliran. En un afán imposible, estiran sus brazos como si pudieran tocarlo. A coro, cantan con él:

> Mi destino es ser mafioso, como un día lo fue mi padre; mi apellido es peligroso, los contras ya se la saben; si acaso lo han olvidado, yo aquí estoy pa' recordarles.

El ídolo es Alfredo Ríos, el Komander, cantante icónico de los "narcocorridos" que se popularizaron en las últimas décadas en México, con grupos legendarios como Los Tigres del Norte, y que sorprenden por la crudeza de letras que retratan –y naturalizan– el mundo del narcotráfico en pegadizas creaciones interpretadas al son de la "música norteña", llamada así por provenir de las ciudades del norte del país.

Sus presentaciones en vivo, que agotan localidades en México y Estados Unidos y pueden ser vistas en YouTube,

La violencia provocada por la guerra contra el narcotráfico en México alcanzó a los grupos y cantantes de "narcocorridos", que suelen recibir amenazas por las letras de sus canciones o por cantar en fiestas privadas de bandas rivales. A los cárteles se les imputan atentados y asesinatos de cantantes populares, algunos de los cuales escribían canciones "a pedido" de los capos.

Los corridos forman parte de la cultura popular mexicana desde los tiempos de la colonia, pero se popularizaron por completo a principios del siglo XX, cuando contaron las andanzas de héroes revolucionarios como Emiliano Zapata: "Escuchen, señores, oigan el corrido de un triste acontecimiento, pues en Chinameca ha muerto a mansalva Zapata, el gran insurrecto. Abril de 1919 en la memoria quedará del campesino, como una mancha en la historia. Campanas de Villa Ayala, ¿por qué tocan tan dolientes? Es que ya murió Zapata y era Zapata un valiente".

También hay corridos alegres, como este, dedicado a la Revolución mexicana: "Aquí vienen las adelitas, estas mujeres tan bonitas, aquí vienen las marietas, todas muy coquetas [...]. Ser revolucionario es mi placer. No me importa cuánto tiempo he de perder, pero yo quiero a Zapata en el poder, para que así mis tierras me han de devolver".

muestran el encanto que el Komander ejerce en un público formado por hombres gustosos de subir al escenario a recibir sus tragos de *whisky* directo de la botella y de mujeres que le sacan fotos y le mandan besos. Todos ovacionan las canciones sobre balas expansivas, granadas, autos blindados, amenazas de trozar cuerpos, crónicas de balaceras, ejecuciones, torturas y drogas. Los títulos son más que elocuentes: "Cien balazos al blindaje", "Bien marihuano y enfermo", "Borracho y escandaloso", "Cárteles unidos", "Élite de sicarios", "La fuga del Chapo", "Mafia nueva", "Los sanguinarios del M1", "Que legalicen las drogas", "Yo no voy a morir", "Toquezones de cannabis", "Diez tiros por segundo".

Los videos del Komander rebosan de autos de lujo, armas, montañas de dólares, mujeres bellas y jóvenes. Los trajes de colores estridentes, las botas, el sombrero y las joyas ostentosas que usa remiten al estereotipo del narcotraficante formado en el imaginario mexicano, aunque el cantante ha repetido que él y todos los que componen e interpretan "narcocorridos" versión siglo XXI son solo músicos que nada tienen que ver con el crimen organizado y que se limitan a contar la realidad que viven sus ciudades.

Ríos, nacido en Sinaloa, cuna del narcotráfico en México, es el artista más importante del Movimiento Alterado, nombre con el

¿**Sabías que...** desde que en 2006 comenzó la guerra contra el narcotráfico en México han sido asesinados cincuenta cantantes de "narcocorridos"?

que los hermanos Adolfo y Omar Valenzuela bautizaron, con excelente tino publicitario, a los grupos que le cantan al mundo narco y que son representados por Twiins Enterprise, la empresa que los mellizos fundaron en Los Ángeles y que ha tenido entre sus filas a artistas internacionales como Shakira, Chayanne, Calle 13, Paulina Rubio y Thalía. Los Valenzuela entendieron y explotaron el negocio de la música, así sea a costa de la violencia, y lograron dejar atrás la denominación de "canciones enfermas" que identificaba a los "narcocorridos".

A diferencia de las bandas musicales, que se desligan de cualquier vínculo directo con los narcotraficantes, los hermanos Valenzuela reconocieron, en una entrevista que le dieron en 2012 al diario mexicano *Vanguardia*, que le habían pedido permiso al cártel de Sinaloa para difundir "Los sanguinarios del M1", por citar un caso. "Les hicimos llegar [la canción] y nos dieron el *ok* para poder sacar el corrido. Teníamos miedo. Nos mandaron a decir con su gente, con sus secuaces, que estábamos autorizados para sacar cualquier cosa. A veces se puede ofender alguien. No queríamos broncas", reveló Omar. Adolfo fue todavía más directo. Asumió que las canciones del Movimiento Alterado son exclusivas del cártel de Sinaloa, porque si hablaran, por ejemplo, de los Zetas, su vida correría peligro.

El Movimiento Alterado tiene una discreta adhesión de ciento cincuenta y ocho mil seguidores en Facebook, pero el éxito de este controvertido estilo musical queda patente con los seis millones de fans que siguen al Komander en la misma red social y los millones de vistas que registran en YouTube sus videos y los de otros artistas consagrados del rubro, como Los Bukanas, Buchones de Culiacán, Los Primos, Los Buitres, Oscar García y El RM. Al igual que el resto de la industria musical, artistas y empresarios de los "narcocorridos" obtienen sus verdaderas ganancias con la venta de entradas en los conciertos, ya no tanto por la venta de discos, lo que explica que haya compilaciones enteras del Movimiento Alterado que se pueden descargar gratis en Internet con

"Contrabando y traición" fue uno de los primeros "narcocorridos" mexicanos. Compuesta en 1972 por Ángel González, la canción cuenta la historia de Camelia la Texana, quien junto con su pareja, Emilio Varela, "traían las llantas del carro repletas de hierba mala" que querían pasar de Tijuana a Los Ángeles.

títulos como *El sinaloense americano, Ejecutor, El cocaíno, Las mafiosas, Los nuevos terroristas* y *Para morir nací.*

La respuesta al auge de los "narcocorridos" fue la prohibición. En 2009, los gobiernos de Sinaloa y Sonora vedaron su difusión por considerar que hacían apología de la violencia, pero dos años más tarde la Suprema Corte de Justicia echó abajo una censura que ni siquiera era realmente efectiva, porque la música jamás dejó de difundirse de manera masiva por Internet.

El Komander se metió en la polémica. En una entrevista televisiva advirtió, primero, que el término "narcocorrido" era muy agresivo, ya que él y sus colegas cantaban corridos, recogiendo una tradición mexicana que ya desde la Revolución hablaba de armas y bebidas. Dijo al defender el Movimiento Alterado:

> Está todo muy satanizado por la cuestión de inseguridad de nuestro país, pero no nos corresponde a los músicos resolver lo que está pasando, eso les toca a las autoridades. [...] La gente nos quiso encerrar en un género, pero pueden escuchar mis letras y son de fiesta. En lo personal traté de no meterme mucho con las mafias porque soy sinaloense, pero antes soy mexicano y trato de estar bien por todos lados. Esto es música, como el *hip hop.*

En un ensayo sobre el tema, el sociólogo mexicano Luis Astorga explica que los corridos de traficantes mexicanos, que ya se replican en Colombia, surgieron primero en la frontera norte, zona de contrabando por excelencia, y luego se difundieron a otros estados productores de drogas. Se convirtieron en la "odisea musicalizada" de un grupo social que dejó de ser marginal "y que estaba en pleno proceso de autoconstrucción de una nueva identidad tratando de deshacerse del estigma que lo había acompañado desde su nacimiento".

Los compositores de corridos, añade, pusieron en palabras el universo simbólico de los traficantes y se adaptaron a los cambios que sufrió el negocio. En un principio, retrataban a hombres y mujeres, reales o míticos,

> que transportaban cantidades relativamente modestas, comparadas con los estándares actuales, de mariguana, opio, heroína y cocaína. Lo hacían cruzando la frontera norte a pie, a nado o en automóviles, aunque también había quien entrenaba aves o utilizaba cadáveres embalsamados para lograr sus objetivos. Las armas fueron desde un principio sus compañeras fieles e inseparables. Luego vendrían historias donde las avionetas y los camiones de carga aumentarían considerablemente las cantidades, que ya no se pesarían en kilos sino en toneladas. Las armas ya no eran solo pistolas como la clásica 38 súper, sino ametralladoras, granadas y lanzagranadas. Y los traficantes ya no eran tan desconocidos o producto de la imaginación de los compositores. Eran personajes poderosos, queridos, respetados o temidos en sus zonas de influencia (Astorga, 1997).

En pocas palabras

Los "narcocorridos" se incorporaron al folclore de la música popular mexicana para contar y exaltar el mundo narco.

33. Malverde: el santo de los narcos

El sincretismo alcanza al crimen organizado. Nacidos en un país que practica con fervor la religión católica, los narcotraficantes mexicanos encontraron en Jesús Malverde a un santo propio, al que le rezan para que los cargamentos de drogas lleguen "con bien" a Estados Unidos y a quien le agradecen por haber sobrevivido a balaceras o por la eliminación de algún rival: por protegerlos, pese a que se dedican a actividades ilegales. La devoción hacia el émulo de Robin Hood santificado excede a los narcotraficantes, pues miles de mexicanos que tienen trabajos legales lo han incorporado como un benefactor milagroso, pese a que la Iglesia católica sigue sin reconocerlo de manera oficial.

En la ciudad de Culiacán, muy cerca de la estación de ferrocarril, una cruz anuncia que se ha llegado a la capilla de Jesús Malverde.

Es un santo pagano, surgido de leyendas. Pero la fe, es bien sabido, no necesita pruebas. Para los fieles de Malverde, los favores recibidos son sus mejores evidencias. Por eso acuden en masa a venerar el busto de un hombre de prolijo bigote y cabello negro, pañuelo a tono cruzado en el cuello y camisa blanca. A falta de una fotografía de Jesús Juárez Maso, nombre atribuido al santo, los impulsores del rito replicaron el rostro de Pedro Infante, uno de los actores más populares de la historia del cine mexicano.

La capilla desborda de todo tipo de flores y artículos en honor a Malverde. Hay llaveros, cuadros, agua bendita en botellas de plástico, camisetas, gorras, velas, escapularios, sandalias, cinturones, discos, fotos, estampas y bustos de todos los tamaños, que conviven con imágenes de san Judas Tadeo, el Sagrado Corazón de Jesús, la Santísima Trinidad y la Virgen de Guadalupe. La capilla es cuidada con esmero por Eligio González, un hombre que se encomendó a Malverde las dos veces que estuvo a punto de morir, una por puñaladas y otra a balazos. Como muestra de gratitud, decidió dedicar su vida al santo.

"Ánima de Jesús Malverde. Nació en 1870 y murió el 3 de mayo de 1909", anuncia un cartel dentro del santuario, en el que las paredes están tapizadas de placas de agradecimiento: "por proteger

¿Sabías que... la capilla en honor a Jesús Malverde en Sinaloa está abierta las 24 horas de los 365 días del año?

a nuestra familia", "por iluminar nuestros caminos", "por haber vuelto con bien", "por salvarnos de la muerte", "por curar a mi hijo de cáncer", "por haber ganado la pelea", "por la cosecha", "por haber salido de prisión". También hay fotos de bodas, de quinceañeras y de hombres que posan al lado del santo, mostrando armas o tatuajes de su rostro. Sobresalen los dólares pegados a modo de agradecimiento: "porque este año me fue muy bien". Los negocios no se explicitan.

La historia oficial de la capilla, escrita en su blog, justifica la santificación popular de Malverde:

> Era un hombre de hechos, no de palabras. Hablaba poco, pero hacía mucho por los pobres. Indignado por el sufrir de la gente necesitada y por el egoísmo de los que poseían las riquezas en su natal Sinaloa, en México, Jesús robaba a los ricos y lo que obtenía de sus robos y saqueos, no lo guardaba para lujos, ni para despilfarros, sino que lo repartía entre los necesitados.

> Jesús Malverde cuidaba a los pobres: algunos se le acercaban a pedirle cosas, otros no, pero él, que siempre estaba atento a lo que lo rodeaba, cuando oía que alguien estaba en apuros, inmediatamente buscaba equilibrar las cosas, quitaba donde sobraba y llevaba adonde faltaba.

La leyenda del santo continúa con descripciones sobre su sentido de la justicia más allá de las leyes, como cuando el cacique del pueblo "que sometía y explotaba a todos" lo amenazó y Malverde se comprometió a que jamás lo robaría:

> Sin embargo, surgieron necesidades apremiantes entre "su gente", como Malverde llamaba a los necesitados, y poco después de eso, Jesús entró en casa del cacique, la robó y salió sin ser descubierto. Repartió el botín y fue a esconderse en una cabaña de su compadre.

> El cacique se encolerizó. No le hacía falta lo que Malverde le había robado, pero estaba furioso de que sus guardias de vigilancia hubieran sido burlados. Estaba furioso de que un bandolero lo hubiera puesto en ridículo frente al pueblo que dominaba.

La devoción religiosa es un pilar importante para los capos de la mafia italiana. La temible 'Ndrangheta, por ejemplo, le reza a la Madonna de Polsi. Cada septiembre llegan a esta ciudad italiana capos de todo el mundo para mantener una reunión cumbre. Distribuidas en diferentes territorios, las mafias suelen encomendarse al santo de su localidad y participan activamente en las fiestas religiosas.

Le puso precio a su cabeza. Su compadre, el amigo del alma, el de la infancia, aquel a quien Malverde más confiaba, ese prefirió el dinero de la recompensa y, como [le pasó a] Jesucristo, lo vendió por dinero. Su compadre les dijo en dónde se escondía Jesús [...] a los soldados que lo andaban buscando. Fue aprehendido y llevado a una zona entonces despoblada en Culiacán, en el estado de Sinaloa, en México.

En esta parte sobreviene el mito. Cuando estaban a punto de colgar a Malverde, le pidieron que dijera su última voluntad. "Ayudar a mi gente, en el nombre de Dios", respondió el bandido antes de morir "sin queja" y "como un hombre, con el cuerpo erguido y la mirada serena de quien ha hecho lo que debía hacer". Las autoridades, para dar una lección, prohibieron que el cuerpo de Malverde fuera enterrado, así que quedó tirado, a la intemperie, hasta que sus seguidores comenzaron a cubrirlo con piedras. Una de las tradiciones que se deben cumplir en la capilla es seguir llevando piedras al santo.

La adoración a Malverde forma parte de la llamada "narcocultura", concepto que engloba el desarrollo de prácticas específicas

La Santa Muerte es una importante figura religiosa para los mexicanos, habituados culturalmente a jugar con las famosas calaveritas que, en todas sus variedades, acompañan el Día de Muertos, tradición prehispánica que genera extrañeza y temor en otros países. En los últimos años, la adoración a la Santa Muerte, representada en un esqueleto rodeado de una aureola celestial, vestido de mujer y cubierto de joyas, coronas y flores, quedó vinculada al crimen organizado. En varias ciudades de México y Estados Unidos se replicaron los altares en su honor para pedirle favores y agradecerle milagros. La Iglesia no reconoce oficialmente el culto, pero ello no impidió, al igual que ocurrió con Jesús Malverde, que la veneración se expandiera.

en sociedades en donde el narcotráfico y la violencia están naturalizados. Son algo cotidiano y no siempre condenado socialmente. Los criminales, por serlo, no dejan de ser devotos. Al igual que millones de seres humanos, necesitan creer en alguna divinidad que los proteja. En este caso, los narcotraficantes mexicanos encontraron la protección divina que necesitaban en Jesús Malverde, un santo que ya tiene capillas o altares en ciudades colombianas y estadounidenses.

Más allá de la historia oficial, que escatima información, las versiones sobre el santo lo ubican en un México acosado por la injusticia social que ni siquiera la Revolución mexicana pudo resolver. Abundan los testimonios, recogidos oralmente, sobre los padres de Malverde, que, de tan pobres, murieron de hambre, lo que lo llevó a robar únicamente a los ricos para poder dar comida a los más necesitados. O sobre los milagros que se le adjudican, como encontrar animales perdidos, curar pacientes con cáncer, salvar cosechas de porotos o lograr una buena pesca de camarones.

Los favores a los narcotraficantes llegaron mucho tiempo después. Además de agradecerle por salvar vidas y cuidar cargamentos de drogas, abundan, también, testimonios sobre fantasmales apariciones del santo en Sinaloa y castigos por incumplimiento de promesas. Porque a Malverde, como a todos los santos, y aunque la Iglesia diga que no existe, hay que cumplirle.

> "Hoy ante tu Cruz postrado, ¡oh, Malverde!, mi Señor, te pido misericordia y que alivies mi dolor. Tú que moras en la Gloria y estás muy cerca de Dios, escucha los sufrimientos de este humilde pecador, ¡oh, Malverde milagroso!, ¡oh, Malverde, mi Señor!, concédeme este favor y llena mi alma de gozo."
>
> **Rezo a Jesús Malverde**

En pocas palabras

Los narcotraficantes encontraron en Jesús Malverde a un santo que los protege de fracasos en los negocios, de la muerte y de sus enemigos.

34. "Narconovelas"

Las telenovelas latinoamericanas forman parte de una cultura popular que se ha expandido a escala internacional. Grabadas en México, Colombia o Brasil, suelen contar melodramas planos en donde los buenos son muy buenos y los malos, muy malos, y se exportan a países remotos, como Eslovenia, Hungría o Rusia. En los últimos años, el formato hizo a un lado el estereotipo de la joven bella y pobre que se enamora de un millonario, para adaptarse a la realidad y contar las aventuras, basadas en la vida real, de criminales que se enriquecen con el tráfico de drogas y que defienden su negocio con asesinatos. Pese a las críticas y a las polémicas que suscitan, las "narconovelas" se consolidan en el gusto del televidente con audiencias récord.

Una voz en *off* repite, con tono lúgubre, el mensaje escrito en letras blancas que destacan sobre la pantalla negra: "Quien no conoce su historia está condenado a repetirla".

La placa siguiente muestra un cielo iluminado y ubica al espectador en la ciudad de Medellín, el 2 de diciembre de 1993. "Últimos momentos", avisa el subtítulo mientras la cámara recorre la fachada blanca de una casa de dos pisos. Corte. Se escucha una voz al teléfono: "A mí nunca en la gran puta vida me van a coger, y que yo desde la selva los mando a matar a todos y a la larga los que van a perder son ellos".

> *Escobar, el patrón del mal* fue una superproducción colombiana en la que participaron más de mil quinientos actores y que obtuvo una treintena de nominaciones a premios nacionales e internacionales.

La imagen muestra a un hombre regordete, de abundantes y entrecanos cabellos, barba y bigote. Está hablando por teléfono. Camina de un lado a otro, ansioso. Se pasa la mano por el cabello; enojado, arroja el teléfono, que se estrella contra el suelo.

El hombre es Pablo Emilio Escobar Gaviria o, más bien, el actor Andrés Parra interpretando al capo en la primera escena de *Escobar, el patrón del mal*, la telenovela que el 12 de mayo de 2012, en horario estelar, se convirtió en el debut más visto en la historia de la televisión colombiana.

Basada en el libro *La parábola de Pablo*, de Alonso Salazar, *Escobar, el patrón del mal* tuvo éxito de principio a fin y abrió un debate en Colombia sobre la necesidad de revisar el violento pasado reciente para evitar que se repita, aunque los críticos la denostaron por mitificar a Escobar. Mezclando la realidad con la ficción y sin poder

El impacto del mundo narco en la ficción televisiva no es exclusivo de América Latina. En Estados Unidos, *Breaking Bad*, considerada una de las mejores series de la historia, sorprendió al mostrar la transformación de un profesor de química que, enfermo de cáncer, decide producir metanfetaminas. Otras series exitosas fueron *Weeds* y *The Wire*, las cuales contaban aventuras relacionadas con la marihuana o el narcotráfico en general.

mostrar o mencionar, por cuestiones legales, a todos los narcotraficantes que acompañaron al capo en su trayectoria criminal, la serie contó con otros ingredientes que le dieron un interés extra. Por ejemplo, los productores Juana Uribe y Camilo Cano eran familiares de víctimas de Escobar: ella, sobrina del ex candidato presidencial Luis Carlos Galán, y él, hijo del ex director del diario *El Espectador*, Guillermo Cano, ambos asesinados por orden del líder del cártel de Medellín.

Escobar, el patrón del mal no fue la primera "narconovela", pero sí la más exitosa. El canal Caracol logró exportarla a más de cuarenta países, gracias no solo al interés que despertaba la historia de Escobar, sino a la calidad de una producción que tuvo tintes cinematográficos. Esto es parte del éxito de estas series, ya que no escatiman en la contratación de buenos actores y en el desarrollo de guiones atractivos que logran atrapar a espectadores de todo el mundo. En Argentina, por ejemplo, la novela sobre Escobar consiguió niveles de audiencia inesperados en el verano de 2014. Fue patente, sin embargo, que la ficción podía generar efectos contraproducentes, ya que la figura del narcotraficante despertó admiración en parte del público e incluso comenzó a ser imitado por niños, que jugaban a ser sicarios.

El crítico colombiano Omar Rincón explicó en esa época, en una entrevista en *Página/12*, a qué se debía el auge de este nuevo tipo de historias vinculadas al crimen organizado. Analizó el periodista:

¿Sabías que... entre 2003 y 2013 en Colombia se produjeron diecisiete "narconovelas"?

Se miran porque es una posibilidad catártica para el televidente de cualquier país de echarle una miradita a ese mundo extraño, pero atractivo, del narco: sacamos el voyeurista y lo ponemos a gozar conociendo ese mundo prohibido y excesivo del narco. Se mira para escandalizarse, pero también para reconocerse. Y lo mejor es que es un asunto de los colombianos; entonces, uno como argentino o chileno no se siente identificado sino alucinado y fascinado viendo esos mundos extraños de los narcos. Y es que es una gozada mirar ese mundo de los narcos y es divertido escandalizarse con sus valores del todo vale, sus mujeres-silicona, sus hombres-abusadores, sus estéticas, lenguajes y músicas populares.

La polémica sobre si las "narconovelas" hacen apología del delito o se limitan a mostrar una realidad es permanente. *Sin tetas no hay paraíso*, una producción colombiana estrenada en 2006 y pionera de este tipo de series, desató un escándalo porque contaba la historia de una joven empecinada en aumentarse el busto para conquistar a narcotraficantes, aunque al final se daba cuenta de que había arruinado su vida. Luego vinieron otras series, como *El*

En las microsociedades dominadas por el crimen organizado, aparecieron las "narcocenicientas". El príncipe de los cuentos infantiles desapareció en el imaginario de adolescentes que ahora sueñan en convertirse, como mínimo, en la novia de un sicario. O, si de soñar se trata, en la esposa del líder de un cártel. "Sí, me gustaría ser novia de un narco", reconoce con genuina despreocupación una estudiante de secundaria en Sinaloa en el documental *Narcocultura*. La proliferación de centros de estética para aumentar busto y glúteos es resultado de la aspiración de muchas mujeres a atraer a narcotraficantes para casarse con ellos y disfrutar de sus fortunas, sin preguntar demasiado. Otro caso es el de las reinas de belleza, las *misses*, a las que, en Colombia y en México, sus romances con traficantes les costaron la libertad y, en algunos casos, hasta la vida.

cártel de los Sapos, Los protegidos, Los tres caínes, La diosa coronada, El Cártel, El Capo, Las muñecas de la mafia, Rosario Tijeras y *El Mexicano*, pero solo triunfaron aquellas que evitaron una visión crítica hacia el narcotráfico.

Los permanentes debates ayudan a la promoción de este tipo de programas, que la cadena estadounidense Telemundo continúa explotando para el público en español, con títulos como *Camelia la Texana, La Reina del Sur* –basada en la exitosa novela de Arturo Pérez-Reverte–, *Correo de inocentes, El Pantera* y *Ojo por ojo*. En la exitosa *El Señor de los Cielos*, el canal no pudo utilizar el verdadero nombre del líder del cártel de Juárez, Amado Carrillo Fuentes, quien fue rebautizado en la ficción como Aurelio Casillas.

En pocas palabras
Las "narconovelas" se han consolidado como un nuevo género televisivo, que corre el riesgo de mitificar a capos del narcotráfico.

Capítulo 8
Narcotráfico y política

35. "Vladivideos"

Un video fue suficiente para terminar con el gobierno de Alberto Fujimori. No se trató de un video cualquiera. La imagen de su principal asesor, Vladimiro Montesinos, entregando sobornos al congresista Alberto Kouri, del opositor partido Perú Posible, fue la primera de las muchas pruebas visuales que demostraron el sistema de corrupción armado durante la década fujimorista. Montesinos, un ex colaborador de la CIA que también fue acusado de aprovechar su alto cargo político para traficar drogas, protagonizó un vergonzoso escándalo internacional que fue bautizado como "los vladivideos".

La imagen, de mala calidad, muestra a dos hombres sentados en sillones de cuero color marrón claro. Hay una mesa en el centro. Vladimiro Montesinos, el asesor todopoderoso del presidente Alberto Fujimori, está sentado de perfil. Sobresale su camisa azul. El congresista opositor Alberto Kouri se ve de frente, vestido por completo de negro y con la pierna izquierda cruzada sobre la derecha. Dialogan.

Kouri: Tenemos en lo posible que...

Montesinos: ¿Cuánto, cuánto? Acá hay diez, usted dígame.

Kouri: No, hablemos de quince, veinte.

Montesinos: Bueno.

Kouri: Quince.

Montesinos se saca fajos de dólares del bolsillo derecho de su pantalón. Cuenta los billetes.

Montesinos: Diez más cinco, quince.

Kouri: ¿Sobre la posibilidad de recuperar mi inversión en los gastos de campaña?

Montesinos: Usted dígame, piense para mañana o el lunes.

Kouri: Yo tengo una cuenta pendiente con una agencia...

Montesinos mete los 15.000 dólares en un sobre de papel amarillo y se lo entrega a Kouri. Hay un corte. La toma se aleja y se puede ver el resto de la oficina: un escritorio con papeles, pinturas que cuelgan de la pared, una lámpara encendida.

> *Montesinos*: Voy a anotar acá como fecha, estamos a 5 de mayo, ¿verdad?

La alianza estaba cerrada. Kouri aceptaba, previo pago de 15.000 dólares, abandonar la oposición y pasarse al oficialismo.

El video se proyectó a las siete de la noche del 14 de septiembre del año 2000 en una conferencia de prensa organizada en el Hotel Bolívar, de Lima. Los congresistas opositores Fernando Olivera y Luis Iberico, del Frente Independiente Moralizador (FIM), dijeron que iban a anunciarles a los periodistas su retiro de la mesa de diálogo convocada por la OEA. La verdad era que iban a tirar una bomba política que se pudo ver de manera simultánea en Canal N, en donde los congresistas dejaron una copia, por su propia seguridad. Fue un día histórico en Perú. El día que estalló el escándalo de los "vladivideos" que el propio Montesinos había grabado para extorsionar a las personas a las que sobornaba, sin saber que iba a terminar cavando su propia tumba política.

La denuncia televisada provocó un escándalo inmediato. Solo dos días después Fujimori sorprendió al anunciar la desaparición del Servicio de Inteligencia Nacional (SIN), que comandaba su principal y corrupto asesor, y llamar a nuevas elecciones, no sin antes despedir e indemnizar con 15 millones de dólares a Montesinos, quien se fugó a Panamá. A mediados de noviembre, Fujimori aprovechó una gira oficial a Asia para escapar hacia Japón, desde donde presentó, por fax, su renuncia a la presidencia.

El ex congresista Alberto Kouri, protagonista del primer "vladivideo", estuvo cinco años en prisión y al salir escribió *Más allá del error*, un libro en el que contó su versión acerca del bochorno de corrupción en el que había participado. El hombre que cobró por lo menos 15.000 dólares en sobornos les pidió a los peruanos que compraran el libro para ayudarlo a pagar la reparación civil que debía al Estado.

La convulsión política continuó en los meses siguientes con la aparición de más "vladivideos", en los que se veía a Montesinos sobornar a congresistas, alcaldes, líderes partidarios, periodistas y empresarios. En junio de 2001, el ex asesor fue capturado en Venezuela y dos meses después trasladado a Perú para responder en decenas de juicios en los que se lo acusó de enriquecimiento

> Vladimiro Montesinos tenía cuentas ocultas por 48 millones de dólares en Suiza, que fueron embargadas luego de que se lo acusó de lavado de dinero.

ilícito, lavado de dinero, violaciones a los derechos humanos, asesinatos, tráfico de armas y tráfico de drogas.

El narcotráfico quedó así vinculado de manera directa al poder político en uno de los principales países productores de cocaína.

No era un caso más. Lo protagonizaba un hombre que representó el poder detrás del trono desde que Fujimori comenzó a gobernar, en 1990. Montesinos, nacido en Arequipa en 1945, había sido entrenado en la Escuela de las Américas de Panamá, el centro de formación de represores financiado por Estados Unidos, pero en los años setenta fue expulsado del Ejército peruano acusado de desobediencia y falsificación de documentos. Trabajó entonces como espía para la CIA, lo que le valió acusaciones de traición a la patria. Se fugó, pero después volvió al país y aprovechó su dudoso título de abogado para defender a narcotraficantes en importantes casos de tráfico de drogas y corrupción. Durante la campaña de 1990, resolvió algunos problemas legales de Fujimori y se ganó por completo la confianza del futuro presidente. En la primera etapa del gobierno, Montesinos, desde las sombras, reorganizó las Fuerzas Armadas y los servicios de inteligencia, creó un grupo paramilitar, censuró a la prensa y destituyó jueces.

El periodista Gustavo Gorriti, víctima de secuestro por el régimen fujimorista, ha asegurado que el creciente poder de Montesinos desató una pugna entre la DEA, que se alarmó por la influencia de un ex abogado de narcotraficantes, y la CIA, que se mantuvo a la expectativa de los pasos de su antiguo aliado. De hecho, Montesinos afirmaría luego que la CIA había financiado, en 1991, la creación del Servicio de Inteligencia Nacional, organismo que le

Alberto Fujimori, el jefe de Montesinos, permaneció refugiado en Japón hasta 2005. El 6 de noviembre de ese año fue detenido en Santiago de Chile, al aterrizar en un avión privado. Perú comenzó un proceso de extradición aceptado por la Corte Suprema de Chile el 21 de septiembre de 2007, lo que permitió que el 10 de diciembre la justicia peruana comenzara un histórico juicio en contra del ex presidente. Un año y medio después, culminó en condenas de veinticinco años de prisión por delitos de lesa humanidad, y otras penas menores por espionaje, corrupción y sobornos. El tribunal también lo acusó por indemnizar con 15 millones de dólares a Montesinos y facilitar su fuga.

permitió el control absoluto de la seguridad nacional y del combate al narcotráfico y al terrorismo.

Pasaron varios años antes de que el Rasputín peruano apareciera ante la opinión pública. Lo hizo de manera sorpresiva cuando, en su cargo oficial como director de la Oficina de Política Nacional de Control de Drogas, recibió en octubre de 1996 al general Barry McCaffrey, jefe del Comando Sur de Estados Unidos, quien aplaudió sus políticas antinarcotráfico.

Montesinos se mostró por primera vez en público en un momento en el que se acumulaban escándalos por tráfico de drogas en Perú. En mayo de 1996, apenas cinco meses antes de la visita del zar antidrogas estadounidense, se descubrieron 170 kilogramos de cocaína en un avión presidencial que Fujimori había usado hasta hacía poco tiempo. En julio, otros 45 kilogramos fueron secuestrados en un barco de la Marina peruana que había atracado en Vancouver. La prensa denunciaba la protección de Montesinos a los Norteños, la banda de narcotraficantes de los hermanos Manuel, Jorge y Tito López Paredes. El narcotraficante Demetrio Chávez revelaba, después de ser detenido, que Montesinos lo protegía a cambio de un pago de 50.000 dólares mensuales.

Nada hacía mella en el asesor presidencial, que parecía omnipotente, pero su fin comenzó a escribirse en agosto de 2000, cuando quedó involucrado en un millonario tráfico de armas a la guerrilla colombiana, y se selló un mes después, con la emisión del primer "vladivideo", que provocó su fuga, captura y procesamiento.

En 2001, una comisión legislativa creada ex profeso para investigar los crímenes de Montesinos concluyó, en un informe de mil quinientas páginas, que el ex asesor presidencial había convertido a Perú en un narcoestado. Lo identificó como el principal jefe del narcotráfico del país y lo acusó de haber hecho negocios para la producción y tráfico de cocaína con cárteles colombianos y con el mexicano cártel de Tijuana. Su control sobre el negocio implicaba el cobro de cuotas a narcotraficantes que quisieran operar en territorio peruano, así como la vigilancia de soldados en pistas clandestinas de las que partían avionetas cargadas de drogas.

Desde su detención, Montesinos ha recibido más de treinta sentencias por los delitos de usurpación de funciones, peculado, tráfico de influencias, venta de armas a las FARC, espionaje y violaciones a los derechos humanos. En agosto de 2012 fue absuelto, por falta de pruebas, en el juicio en el que se lo acusaba de traficar drogas en el avión presidencial.

En pocas palabras
Vladimiro Montesinos, uno de los máximos emblemas de la corrupción peruana, fue acusado también de liderar el narcotráfico en el país.

36. La campaña de Samper

La infiltración del narcotráfico en la política colombiana fue un secreto a voces durante décadas, pero en 1994 quedó demostrado lo lejos que había llegado: el cártel de Cali había financiado la campaña presidencial del triunfador Ernesto Samper. La denuncia provocó uno de los mayores y más graves escándalos políticos en la historia de ese país. El "Proceso 8000", nombre con el que se conoció popularmente la causa, logró que congresistas y ministros fueran investigados y condenados. Samper, sorprendentemente, salió ileso de un proceso en el que no se lo consideró inocente, pero tampoco culpable.

Las elecciones presidenciales de 1994 en Colombia fueron muy cerradas.

En la primera vuelta, realizada el 29 de mayo, Ernesto Samper obtuvo el 45,3% de los votos contra el 44,98% alcanzado por su rival, Andrés Pastrana. Ambos tuvieron que enfrentarse el 19 de junio en una segunda vuelta, que Samper ganó con una diferencia de solo el 2,1%. El candidato del Partido Liberal no pudo disfrutar su triunfo, porque de inmediato explotó el escándalo sobre el financiamiento narco a su campaña.

Días antes del balotaje, un coronel se acercó a Pastrana para entregarle unos casetes en los que se oía al periodista Alberto Giraldo negociar aportes de los hermanos Miguel y Gilberto Rodríguez Orejuela, líderes del cártel de Cali, a la campaña de Samper. Pastrana le llevó los "narcocasetes" al todavía presidente César Gaviria, quien a su vez se los entregó al fiscal general Gustavo de Greiff. El 21 de junio, la prensa colombiana reveló las conversaciones grabadas que comprometían al candidato ganador, pero Samper rechazó las acusaciones y garantizó que los fondos utilizados eran legales. Pastrana, a su vez, contraatacó y le exigió a su rival que renunciara a la presidencia si se demostraba la existencia de "dinero caliente".

Otros "narcocasetes" siguieron apareciendo durante las semanas siguientes, lo que desató la desconfianza de Estados Unidos hacia el mandatario recién electo, pese a que los Rodríguez Orejuela escribieron una carta a la fiscalía para negar que hubieran financiado campaña alguna. El caso tomó tales proporciones que

¿Sabías que... el ex contador del cártel de Cali, Guillermo Pallomari, declaró en la Corte Federal de Miami que esta organización había financiado la campaña de Samper con 10 millones de dólares?

el Senado de Estados Unidos condicionó la entrega de fondos a Colombia a una certificación especial que debía dar el presidente Bill Clinton. De manera sorpresiva, el 16 de agosto, dos días antes de dejar el cargo, el fiscal general De Greiff archivó la causa.

Las sospechas, sin embargo, permanecieron. En septiembre, cuando Samper ya había asumido como presidente, el ex director de la DEA en Colombia, Joseph Toft, aseguró que el país era "una narcodemocracia" y ratificó que la campaña había sido financiada por el cártel de Cali. La relación con Estados Unidos siguió siendo tensa y, para principios de 1995, la certificación que tanto necesitaba Colombia para obtener fondos fue puesta en duda. El secretario de Estado, Warren Christopher, advirtió que la actitud del gobierno en la lucha contra el narcotráfico no era "completamente satisfactoria", aunque, finalmente, en marzo Estados Unidos terminó dando una "certificación condicionada".

El escándalo no involucraba solamente a Samper. Eso era lo más grave. Pero en abril de 1995 el nuevo fiscal general, Alfonso Valdivieso, activó una investigación para saber si nueve congresistas y dos funcionarios habían recibido dinero del narcotráfico. La prensa bautizó el caso como "Proceso 8000", por el número de expediente que tenía la causa. Entre los acusados estaban el contralor general David Turbay y el ex tesorero de la campaña de Samper, Santiago Medina. Las acusaciones arrastraron a otros políticos como una bola de nieve. El presidente, en tanto, reforzó su combate al cártel de Cali como principal prueba de su inocencia. El 9 de junio de 1995, cayó el jefe del cártel, Gilberto Rodríguez Orejuela, y un mes más tarde, varios de sus hombres cercanos fueron capturados o se entregaron. Miguel Rodríguez Orejuela logró escapar en varias ocasiones, pero en un operativo dejó una larga lista de pagos del cártel de Cali a congresistas, políticos y deportistas. Eran pruebas de la cadena de corrupción.

Samper no había cumplido ni siquiera un año en el cargo, pero la tormenta no cesaba. Los ministros de Defensa, Fernando Botero Zea,

En agosto de 2013, William Rodríguez, hijo del ex jefe del cártel de Cali, Miguel Rodríguez Orejuela, declaró ante la justicia estadounidense que el ex ministro de Interior del gobierno de Samper, Horacio Serpa, se había reunido con miembros de la organización criminal para coordinar el pago de sobornos de hasta un millón de dólares a algunos de los congresistas que finalmente votaron por absolver en 1996 al presidente, quien, además, sí sabía que el cártel había financiado su campaña. Después de negar las acusaciones, Serpa ganó en 2014 un escaño en el Senado.

y del Interior, Horacio Serpa, lo cubrieron por completo al asumir la responsabilidad de cualquier "irregularidad" que hubiera habido durante la campaña.

Agosto fue un mes clave. La Comisión de Acusaciones de la Cámara de Representantes recibió las pruebas sobre el financiamiento narco de la campaña de Samper, quien, a su vez, se anotó un éxito con la captura de Miguel Rodríguez Orejuela. El cártel de Cali quedaba desmantelado y los capos hermanos serían extraditados a Estados Unidos. Por cada buena noticia, Samper recibía otra mala. Su ex ministro de Defensa fue detenido por sus vinculaciones con el "Proceso 8000". El tironeo político fue intenso. Declararon ministros, Samper, su esposa y varios congresistas. Pastrana seguía exigiendo la renuncia del presidente cuando se reveló que el ex contador del cártel de Cali, Guillermo Pallomari, se había entregado a la DEA. Este organismo fue acusado de conspirar contra el gobierno colombiano, lo que recrudeció la tensión con Estados Unidos, y provocó que el 1º de julio de 1996 este país suspendiera la visa de entrada del presidente colombiano.

> Cuando Samper afirmó: "Si entró dinero del narcotráfico en mi campaña presidencial, en todo caso fue a mis espaldas", el cardenal Pedro Rubiano le respondió: "Si a uno se le mete un elefante a la casa, pues tiene que verlo".

Dos testimonios estuvieron a punto de terminar con el gobierno de Samper. Santiago Medina, ex tesorero de la campaña, confesó que sí se habían recibido fondos del narcotráfico. Y Fernando Botero Zea, el ex ministro de Defensa y ex jefe de la campaña, conmocionó al país al pronunciar en un mensaje por televisión su ya legendaria frase: "El presidente sí sabía". Desmintió así a su ex jefe, quien había insistido una y otra vez en que el ingreso de dinero del cártel de Cali, si existía, había ocurrido a sus espaldas, sin que él supiera y mucho menos lo autorizara.

El proceso oficial en contra de Samper en la Comisión de Acusaciones de la Cámara de Representantes comenzó en febrero de 1996. Cinco meses después, el presidente ganó. Aunque se demostró que el cártel de Cali había financiado su campaña con millones de dólares, los cargos en su contra se archivaron en una curiosa sentencia que decía que el presidente no era culpable, pero tampoco inocente.

Los ex presidentes colombianos César Gaviria, Ernesto Samper y Andrés Pastrana han mantenido vigente el debate sobre el narcofinanciamiento de la campaña presidencial de 1994. Las peleas públicas han sido permanentes y se reavivaron en 2013 con la publicación del libro *Memorias olvidadas*, en el que Pastrana denunció que Gaviria sabía sobre la existencia de los "narcocasetes" antes de que él se los entregara, pero prefirió ocultarlos.

Otros no tuvieron tanta suerte. Un tribunal sin rostro condenó a senadores, representantes, un procurador general, un ex contralor y a decenas de prestanombres, en su mayoría por enriquecimiento ilícito. El ex jefe y el ex tesorero de la campaña presidencial, Fernando Botero Zea y Santiago Medina, cumplieron penas por lavado de dinero y hurto agravado.

Libre de cargos, Samper logró terminar su gobierno y en 1998 entregó la banda presidencial a Andrés Pastrana, el rival que cuatro años antes había denunciado el financiamiento del narcotráfico a su campaña.

En pocas palabras

El financiamiento del narcotráfico a la campaña presidencial de Ernesto Samper fue uno de los escándalos de corrupción más graves en Colombia.

37. "Irangate"

El llamado "Irangate" es uno de los mejores ejemplos de la hipocresía con la que Estados Unidos maneja la guerra contra las drogas, así sea con prácticas ilegales y violatorias del derecho internacional. En este caso, el gobierno de Ronald Reagan vendió armas de manera clandestina a Irán y con esos millonarios recursos financió, sin autorización del Congreso, la contrainsurgencia nicaragüense que quería derrocar al presidente Daniel Ortega. El plan incluyó, de acuerdo con varias denuncias, el envío de armas a Nicaragua en aviones que volvían a Estados Unidos cargados con drogas.

En la agonía de la Guerra Fría, Estados Unidos enfrentó una grave y compleja crisis que combinó tráfico de armas y drogas, y que recorrió una larga ruta que abarcó desde el Medio Oriente hasta Centroamérica.

El 1º de noviembre de 1986, el semanario *Al Shiraz*, de Beirut, reveló que el gobierno del republicano Ronald Reagan le estaba vendiendo, en secreto, armas a Irán, país que estaba en guerra con Irak desde hacía seis años, como resultado de una añeja disputa territorial. La información desató un escándalo internacional. Investigaciones posteriores concluyeron que la venta ilegal había comenzado en julio de 1985, y que el operativo había sido coordinado por el teniente coronel Oliver North, asesor del Consejo Nacional de Seguridad, cuyo nombre saltó a la fama de la peor manera posible.

La venta clandestina, reconocida a la fuerza por Reagan, tenía un objetivo específico: obtener recursos para terminar con el gobierno de Daniel Ortega en Nicaragua.

El 10 de enero de 1985, después de ganar las elecciones presidenciales con el 63% de los votos, Ortega había comenzado a gobernar un país sumido en una cruenta guerra. El líder de la revolución sandinista que logró derrocar a la dictadura somocista era un personaje defenestrado en Estados Unidos, ya que Reagan temía que el ejemplo socialista copiado de Cuba se replicara en la región. El gobierno estadounidense, acorde con su tradición intervencionista, financió la contrarrevolución nicaragüense (popularmente conocida como "Contra"), formada por diferentes organizaciones que combatían a los sandinistas que ocupaban el poder. Lo hizo de manera ilegal, ya que el Congreso estadounidense había promulgado leyes que prohibían de manera expresa cualquier tipo de ayuda militar a la Contra por parte del departamento de Defensa, la CIA o cualquier otra dependencia oficial.

El gobierno sandinista denunció, de manera permanente y en todos los foros

El ex marino estadounidense Eugene Hasenfus fue condenado a treinta años de prisión en Nicaragua por traficar armas para la Contra, pero, después de pasar poco más de dos meses en prisión, fue indultado y pudo viajar en libertad a su país.

internacionales, la intromisión de Estados Unidos, pero tuvo una primera prueba el 5 de octubre de 1986, cuando un grupo de militares derribó un avión que transportaba armas para la Contra. En el operativo fue detenido Eugene Hasenfus, un ex marino estadounidense que se convirtió en una pieza clave para desenredar la madeja del tráfico de armas. El avión volaba muy bajo para evitar ser detectado por los sandinistas, pero finalmente fue alcanzado por proyectiles. De los cuatro tripulantes (tres estadounidenses y un nicaragüense), solo sobrevivió Hasenfus, gracias a que alcanzó a saltar y abrir su paracaídas. En la nave había decenas de fusiles AK-47 plegables y lanzacohetes, sus respectivos cartuchos y cientos de pares de botas de jungla. Era el equipo destinado a abastecer a la Contra. Se encontraron, también, agendas con los datos de tripulantes, cargamentos de armas e itinerarios de decenas de vuelos ilegales realizados a Nicaragua desde bases salvadoreñas.

Después de ser detenido, Hasenfus confirmó que trabajaba para la CIA por un sueldo mensual de 3000 dólares.

La duda, entonces, era de dónde había sacado Estados Unidos los recursos para financiar a la Contra. El informe que en 1987 elaboró una comisión especial del Congreso de ese país concluyó que el dinero provenía de la venta clandestina de armas a Irán. Oliver North y John Poindexter, ex miembros del Consejo Nacional de Seguridad, fueron procesados y condenados por mentir a los con-

¿Sabías que... la venta clandestina de armas de Estados Unidos a Irán produjo ganancias de casi 50 millones de dólares?

gresistas, por obstruir la investigación y por el delito de conspiración. El caso, en realidad, quedó impune, porque las condenas fueron anuladas.

La historia contaba, además, con el factor narco.

En enero de 1986, la revista *Newsweek* denunció que la Contra había comprado armas con las ganancias de la venta de cocaína colombiana introducida en Estados Unidos con el apoyo de la CIA y de la DEA. Antes, Hasenfus, el espía estadounidense y único sobreviviente del avión derribado, ya había revelado la red de narcotráfico que llevaba drogas a territorio estadounidense. El testimonio fundamental fue el de George Morales, un narco que decía contar con protección legal de la CIA para transportar armas, dinero y provisiones a la Contra, en aviones que volvían a Estados Unidos con cargamentos de cocaína y que no eran sujetos a mayor revisión, sobre todo en el aeropuerto de Miami. Derrocar al gobierno sandinista bien valía llenar de drogas el cada vez más demandante mercado estadounidense. Documentos desclasificados años después, publicados por la revista mexicana *Proceso*, añadieron pistas a la conexión narco e involucraron a cárteles mexicanos que también tuvieron facilidades para traficar drogas a Estados

Oliver North, uno de los principales responsables de haber operado el "Irangate", fue condenado pero nunca tuvo que pisar la cárcel. El ex teniente coronel destruyó documentos oficiales y coordinó maniobras ilegales que afectaron la democracia nicaragüense, pero siempre tuvo la impunidad garantizada. Libre de cargos, fracasó en su intento de ganar una postulación republicana para el Senado, pero sí logró el respaldo mediático de la conservadora cadena Fox, que lo contrató para conducir el programa *War Stories* (Historias de guerra). En 2006, sin ningún tipo de pudor, viajó a Nicaragua para hacer campaña en contra de Daniel Ortega, el presidente que había tratado de derrocar en los años ochenta y que volvió a ganar las elecciones.

Unidos a cambio de apoyar a la Contra.

El fiscal del caso Irán-contras, Lawrence Walsh, publicó en 1994 un informe final en el que afirmó que el presidente Ronald Reagan y su vicepresidente y sucesor, George Bush; los secretarios de Estado, George Shultz, y de Defensa, Caspar Weinberger, y el director de la CIA, William Casey, sabían, pese a que muchas veces habían dicho lo contrario, que la venta de armas a Irán estaba financiando la guerrilla anti-sandinista en Nicaragua.

La CIA ha decidido, en aras de los intereses estadounidenses, cuándo son buenos y malos los narcotraficantes. Manuel Noriega, el dictador panameño involucrado en lavado de dinero y narcotráfico, fue un aliado protegido por Estados Unidos hasta que se descubrió que fungía como doble agente con los cubanos. En Guatemala, la CIA financió el golpe de Estado del dictador Efraín Ríos Montt y apoyó a altos jefes militares, que también eran narcotraficantes.

En pocas palabras

El caso Irán-contras fue la mayor crisis de corrupción del gobierno de Ronald Reagan, quien salió indemne del escándalo.

Capítulo 9
Presente y futuro

38. Globalización criminal

Las organizaciones criminales aprovecharon la globalización y se transformaron en empresas trasnacionales ilegales para las cuales el narcotráfico es solo uno más de sus negocios. En las últimas décadas se adaptaron a los mercados, se expandieron a otros países y modificaron sus estructuras a imagen y semejanza de cualquier otra exitosa compañía multinacional, de modo que la captura de sus jefes no afecte sus operaciones ni, sobre todo, sus ganancias.

Si el cártel de Sinaloa fuera una empresa legal, Joaquín "el Chapo" Guzmán sería algo así como su *chief executive officer* (CEO).

Los ejecutivos son sustituibles así que la detención del capo en febrero de 2014 no implicó la desaparición inmediata del cártel, como sí ocurría hace décadas.

Con el Chapo a la cabeza, el cártel de Sinaloa logró convertirse en una violenta multinacional del crimen, con "sucursales" en más de cincuenta países, una estructura jerárquica ordenada con jefes en cada plaza, contadores que manejan las finanzas y lavan fortunas en paraísos fiscales, abogados, ingenieros en telecomunicaciones, agrónomos que mejoran la siembra de marihuana o amapola, químicos que fabrican metanfetaminas o mejoran las fórmulas de la cocaína líquida para facilitar su tráfico. Los llamados "obreros del narco", el escalafón más bajo de la organización, son la mano de obra barata, niños y adolescentes

La globalización ha derivado en alianzas mafiosas internacionales. La periodista mexicana Cynthia Rodríguez reveló en su libro *Contacto en Italia* negociaciones entre la 'Ndrangheta, la mafia calabresa, y el cártel del Golfo para operar el mercado de drogas en Nueva York. También se han descubierto acuerdos entre la Cosa Nostra y el cártel de Juárez; el terrorismo islámico y narcotraficantes en Mali, Mauritania y Níger, y mafiosos italianos y colombianos para expandir operaciones en América del Sur.

contratados para vigilar zonas, campesinos sin opciones para sustituir cultivos, hombres desempleados. También están los socios, los cómplices que los ayudan a operar en otros países y que no forman parte, necesariamente, del cártel. Muchas veces ni siquiera conocen al grupo para el que están trabajando. Es una estrategia, porque si los llegan a detener, como ha ocurrido, no podrán delatar a nadie, no porque no quieran, sino porque no saben.

El caso del cártel de Sinaloa es solo un ejemplo, pero no el único, de la mutación que lograron las organizaciones criminales para cometer delitos de carácter internacional a partir de complejas estructuras que dificultan su combate y desaparición, y que anualmente generan ganancias que superan la ayuda oficial a países en desarrollo y que equivalen al 7% de las exportaciones mundiales de mercancías legales. En muchos casos, las organizaciones se diversificaron y dejaron de dedicarse exclusivamente al tráfico de drogas para sumarse a otros negocios ilícitos.

La Oficina de las Naciones Unidas contra la Droga y el Delito advierte que el "crimen organizado trasnacional", término adoptado en los años noventa, es un negocio ilícito que trasciende barreras culturales, sociales, lingüísticas y geográficas, sin límites ni reglas, y que abarca delitos múltiples, como tráfico de migrantes, drogas, armas de fuego, flora y fauna; trata de personas; lavado de dinero; falsificaciones; delitos contra la propiedad intelectual y el patrimonio, e incluso algunos aspectos relacionados con la delincuencia cibernética.

> El "G-9 mafioso" lo integran, según el especialista francés Jean-François Giraud, la Cosa Nostra, la 'Ndrangheta, la Camorra y la Sacra Corona Unita, de Italia; la mafia albanesa y la turca; las tríadas de China y Taiwán; la yakuza, de Japón, y la Cosa Nostra, de Estados Unidos.

En su conjunto, estos crímenes amenazan la paz y la seguridad humana, violan los derechos humanos, afectan el desarrollo económico, social, cultural, político y civil de las sociedades de todo

La Dirección Central para los Servicios Antidroga de Italia ha identificado cinco rutas internacionales para el tráfico de drogas. La ruta latinoamericana va de Colombia, Perú y Bolivia a Estados Unidos, Canadá y Europa vía los puertos argentinos y brasileños. La ruta del Pacífico parte de los países andinos y atraviesa las costas del océano Pacífico de México hasta llegar a Estados Unidos. La ruta del istmo va de Colombia a Estados Unidos a través de Centroamérica. La ruta del Atlántico se inicia en Venezuela, Colombia, Brasil o Argentina y termina en los puertos y aeropuertos de Portugal, España, Francia e Italia. La ruta del Sahel implica escalas de la cocaína sudamericana en Cabo Verde, Mauritania, Mali, Níger, Argelia, Túnez y Libia, hasta llegar a Europa.

el mundo y comprometen la economía legítima de los países. El lavado de dinero, por citar un caso, altera modelos económicos a partir de la creación de negocios falsos, empresas operadas con prestanombres, hipotecas y remates simulados, demandas laborales, civiles y comerciales inexistentes, compras millonarias en efectivo y múltiples inversiones que legalizan recursos ilegales que se infiltran en la vida cotidiana de los ciudadanos cuando los criminales compran equipos de fútbol, centros comerciales, hoteles, casas de cambio o empresas exportadoras de todo tipo de productos, que constituyen solo fachadas.

De los delitos trasnacionales, el tráfico de drogas sigue siendo el más atractivo, con ganancias anuales que superan los 300.000 millones de dólares.

La trata de personas es una tragedia aparte, porque supone la explotación laboral o sexual de más de dos millones de hombres, mujeres y niños, lo que permite a los criminales ganar 30.000 millones de dólares al año. Otro delito creciente es el tráfico ilícito de migrantes, que manejan diversas redes en las mismas rutas utilizadas para el tráfico de drogas. Según la Oficina de las Naciones Unidas contra la Droga y el Delito, el tráfico ilegal de tres millones de migrantes que atravesaron Centroamérica y México para llegar a Estados Unidos en 2009 permitió que los grupos criminales obtuvieran 6600 millones de dólares. En el camino, las víctimas fueron robadas, violadas, secuestradas, extorsionadas y, en el peor de los casos, asesinadas. Del otro lado del mundo, ese mismo año los traficantes ganaron 150 millones de dólares con el traslado ilegal de cincuenta y cinco mil migrantes de África a Europa.

El tráfico ilícito de armas de fuego, que produce ganancias de 170 a 320 millones de dólares por año, está relacionado directamente con la violencia narco, ya que las organizaciones que trafican drogas son algunas de las principales beneficiarias de este mercado. Los criminales no dejan negocio sin explotar, así que, además de trasladar cocaína, marihuana, opio y sus derivados y metanfetaminas, también participan en el millonario tráfico de diamantes, madera, pieles, marfil, cuernos de rinoceronte, huesos de tigre, plantas raras o medicinales, animales vivos, medicamentos vencidos o adulterados.

En pocas palabras

El crimen organizado trasnacional atravesó fronteras y amplió su abanico de negocios ilegales.

39. Despenalización y legalización

El debate sobre qué hacer con las drogas recorre el mundo. Las rígidas políticas prohibicionistas defendidas con fervor por Estados Unidos son puestas en duda cada vez con más fuerza por personajes públicos que no son necesariamente de izquierda, sino que, amparados en una visión pragmática, advierten que el fracaso de las políticas aplicadas durante décadas obliga a buscar nuevos enfoques. Por otra parte, es preciso entender que en el mundo seguirá habiendo drogas y que el problema es cómo regular la producción y venta, y al mismo tiempo prevenir los riesgos del consumo sin dejar de combatir al narcotráfico. Legalización, despenalización, descriminalización o regulación son las alternativas.

Las políticas mundiales en torno a las drogas han sido poco realistas, incluso utópicas.

En 1998, a instancias de México, se celebró en Nueva York una sesión especial de la Asamblea de Naciones Unidas en la que países latinoamericanos y europeos demostraron que no compartían del todo las visiones prohibicionistas que no habían logrado reducir la producción, el tráfico ni el consumo. Querían discutir el fracaso de la guerra contra las drogas. Se propuso la realización de un informe internacional independiente que planteara nuevas alternativas, lo que fue rechazado principalmente por Estados Unidos y Reino Unido. La presión de las potencias frustró los objetivos del encuentro. En lugar de analizar los escasos resultados del combate al narcotráfico, Naciones Unidas se comprometió a "un mundo libre de drogas" para 2008. A una nueva meta imposible.

La cita, sin embargo, sirvió para que más de quinientas personalidades escribieran una carta pública al secretario general, Kofi Annan, en la que advirtieron su preocupación por el impacto en el corto y largo plazo de políticas inmóviles que no lograban resultados positivos.

"Creemos que la guerra global contra las drogas está causando más daño que el abuso de las drogas", concluyeron premios

La London School of Economics presentó en mayo de 2014 el documento *Ending the Drugs Wars* (Acabar con la guerra contra las drogas), que fue firmado por cinco premios nobel de Economía y múltiples personalidades académicas y políticas. Lo presentó como el análisis económico independiente más completo sobre la estrategia global antinarcotráfico y exigió basar las políticas en la evidencia y en análisis económicos rigurosos.

nobel, periodistas, profesores universitarios, parlamentarios, empresarios, médicos, criminólogos, diplomáticos, políticos, filósofos, presidentes, jueces y sacerdotes de treinta y ocho países, incluido Estados Unidos.

La manera en que este régimen de prohibición global se estableció hace tantas décadas constituyó un error histórico que no ha hecho más que empeorar los problemas en lugar de solucionarlos [...]. Hacemos un llamado a un diálogo verdaderamente abierto y honesto, mirando el futuro de las políticas mundiales de control de drogas sin miedo, prejuicios y prohibiciones punitivas que cedan al sentido común, la ciencia, la salud pública y los derechos humanos.

La carta abrió una discusión internacional que sigue vigente en torno a una estrategia fallida.

Una década después, la Comisión de Estupefacientes de Naciones Unidas realizó en Viena una nueva reunión, que tampoco tuvo grandes avances, pero que volvió a dejar en evidencia la necesidad de reformular las políticas para enfrentar el problema de las drogas, cuyo tráfico, más que desaparecer, se ha fortalecido.

En 2009, la Comisión Latinoamericana sobre Drogas y Democracia presentó un crudo informe en el que planteó un cambio de paradigma. El documento llevaba la firma de los ex presidentes Fernando Henrique Cardoso, de Brasil; César Gaviria, de Colombia, y Ernesto Zedillo, de México, además de otras diecisiete personalidades de diversas ideologías, como el colombiano Antanas Mockus, el mexicano Enrique Krauze, el peruano Mario Vargas Llosa y el argentino Tomás Eloy Martínez. Con este respaldo político e intelectual, el análisis no podía descalificarse tan fácilmente o de antemano, como ocurría hasta entonces con las propuestas en el mismo sentido emitidas por organizaciones no gubernamentales.

El informe advirtió que la solución de largo plazo para el problema de las drogas ilícitas pasaba no solo por la erradicación en los países productores, sino por la reducción de la demanda en los principales países consumidores:

> No se trata de buscar países culpables por tal o cual acción u omisión, pero sí de afirmar que Estados Unidos y la Unión Europea son corresponsables de los problemas que enfrentamos en la región, pues sus mercados son los mayores consumidores de las drogas producidas en América Latina. Es deseable, por ello, que apliquen políticas que efectivamente disminuyan el nivel de consumo y que reduzcan significativamente el tamaño de este negocio criminal.

También promovió cambios para tratar el consumo de drogas como una cuestión de salud pública y no criminal, reducir el consumo mediante acciones de información y prevención y focalizar la represión sobre el crimen organizado. El informe, que tuvo repercusión internacional, aclaró:

> Nuestro enfoque no es de tolerancia con las drogas. Reconocemos que estas provocan daños a las personas y a la sociedad. Tratar el consumo de droga como un tema de salud pública y promover la reducción de su uso son precondiciones para focalizar la acción represiva en sus puntos críticos: la disminución de la producción y el desmantelamiento de las redes de narcotraficantes, la alternativa de la reducción de daños para abordar el consumo de drogas como una cuestión de salud pública, en la cual el dependiente es visto como persona que precisa ser auxiliada en vez de un criminal que debe ser castigado.

Alertó, además, que la despenalización no era suficiente en países en donde la corrupción de la fuerza policial es endémica, por lo que la alternativa "es la descriminalización, aplicada solamente al consumidor. Esta perspectiva está probando ser un modelo más eficaz y humano, en contraste con el enfoque prohibicionista".

Las propuestas de la comisión fueron rebatidas con previsibles críticas. Se cuestionó, sobre todo, que Zedillo, Cardoso y Gaviria presentaran un documento de tal magnitud cuando ya no ejercían como presidentes, cuando ya no tenían que asumir las consecuencias políticas.

Naciones Unidas realizará en 2016, en Nueva York, una sesión especial en la que se espera un fuerte debate en torno a la regulación de las drogas.

Cinco años después, en septiembre de 2014, este grupo de alto nivel aumentó la apuesta y emitió un nuevo informe, en el que recomendó la despenalización del consumo y posesión de drogas, y una regulación responsable. El nuevo documento señaló:

Es necesario un régimen de control de drogas mundial, nuevo y mejorado, que proteja la salud y la seguridad de las personas. Las medidas basadas en ideologías represivas deben ser sustituidas por políticas más humanas y eficaces a partir de evidencias científicas, principios de salud pública y respecto a los derechos humanos. Esta es la única manera de reducir la muertes por drogas, las enfermedades, el sufrimiento, la violencia, el crimen, la corrupción y los mercados ilegales, producto de políticas ineficaces y prohibitivas.

Se propuso, en síntesis, terminar con la criminalización, la marginalización y la estigmatización de las personas que usan drogas pero que no hacen ningún daño a otros; alentar a los gobiernos a que experimenten con modelos de regulación legal de las drogas, especialmente cannabis, a fin de socavar el poder del crimen organizado y para salvaguardar la salud y la seguridad de sus ciudadanos; asegurar que esté disponible una variedad de modalidades de tratamiento, incluso los que utilizan heroína y que han probado ser exitosos en muchos países europeos y en Canadá, y respetar los derechos humanos de los consumidores y de las personas que participan en las escalas más bajas de la cadena narco, como campesinos, correos y pequeños vendedores.

La JIFE es una de las organizaciones que se resiste a modificar las políticas de la guerra contra las drogas. En documentos oficiales, afirma que la legalización no garantiza el cese de los mercados clandestinos. Puso como ejemplo el caso del tabaco, ya que uno de cada tres cigarrillos que se consumen en Estados Unidos proviene del mercado ilegal. Considera que, si las sustancias sometidas a fiscalización se regulan igual que el alcohol, más personas las consumirán y se harán adictas.

El perfil de la Comisión creció, pues a Cardoso, Gaviria y Zedillo se sumaron los ex presidentes de Portugal, Jorge Sampaio; de Chile, Ricardo Lagos; de Suiza, Ruth Dreifuss; el ex secretario general de Naciones Unidas, Kofi Annan; la ex alta comisionada de Naciones Unidas para los Derechos Humanos, Louise Arbour; el millonario británico Richard Branson; el escritor, ya fallecido, Carlos Fuentes; el ex primer ministro de Grecia, George Papandreou; el ex secretario de Estado de Estados Unidos, George P. Shultz, y el ex alto representante de la Unión Europea para Política Exterior y Seguridad Común, Javier Solana, entre otros.

En pocas palabras

La guerra contra las drogas es cuestionada por múltiples organizaciones y personalidades que plantean nuevas alternativas, entre ellas la legalización.

40. Marihuana *made in USA*

La legalización de drogas avanzó, de manera impensable, en Estados Unidos, el país que más se ha resistido a modificar las políticas globales en materia de narcotráfico. A fuerza de información y de combate a prejuicios moralistas, los movimientos a favor de la despenalización del uso medicinal y recreativo de la marihuana están ganando una batalla cultural que ha permitido que la planta ya se pueda sembrar, consumir o vender de diversas maneras en una veintena de estados. La mayor apuesta pasa por lograr que, en algún momento, se apruebe una ley federal.

El 1º de enero de 2014, a las ocho de la mañana en punto, Sean Azzariti, un veterano de la guerra de Irak, hizo la primera compra de marihuana legal en Colorado.

La ciudad de Denver era una fiesta de activistas que habían peleado durante años por su derecho a sembrar o consumir cannabis sin ser criminalizados. Lograron un primer éxito en 2012, cuando una consulta pública aprobó una enmienda que legalizó el uso personal, la posesión y el autocultivo limitado, lo que hicieron durante el año siguiente, pero el permiso para comprar la droga en dispensarios públicos tardó todavía más y se autorizó, por fin, a partir del inicio de 2014.

La *pizza* con marihuana es una exótica variedad que la empresa Stoned Oven Gourmet distribuye en la ciudad de Los Ángeles, en donde es legal la venta de cannabis únicamente con fines medicinales. En los dispensarios autorizados, los clientes que cuentan con sus respectivas recetas médicas pueden adquirir, a un precio de 10 dólares, *pizzas* de 6 centímetros que contienen 250 gramos de THC, el ingrediente psicoactivo de la droga.

Ese día, la euforia pública quedó plasmada en las largas filas que formaron entusiasmados clientes en las tiendas que obtuvieron licencias en Colorado. Este estado fue el primero en autorizar la venta de marihuana con fines recreativos, ya no solo medicinales.

Azzariti, a quien la droga le permite aliviar el trastorno de estrés postraumático de la guerra, llegó temprano al local 3D Cannabis, de Denver, vestido con su camisa azul a cuadros y rodeado de una turba de fotógrafos que registró el histórico momento en el que compró, de manera legal, 3,5 gramos de marihuana de la variedad Bubba Kush y unas trufas con cannabis. Pagó 59,74 dólares, impuestos incluidos.

La organización Marijuana Policy Project distribuyó por la ciudad miles de volantes con una leyenda tajante: "La prohibición terminó". Más optimista, Ezequiel Edwards, representante de la Unión Estadounidense de Libertades Civiles (ACLU), confió en que "esto marca el principio del fin de la larga guerra de la nación sobre la mariguana y su perjudicial carga humana y fiscal" (*La Jornada*, 2014).

La ley es muy clara. Solo permite vender a mayores de 21 años un máximo de una onza (28,3 gramos) de marihuana, con precios que oscilan entre los 150 y los 200 dólares, según la variedad que soliciten los clientes, quienes no pueden fumar en público.

Más allá de los derechos civiles, Estados Unidos es el emblema del capitalismo, así que consultoras privadas hicieron rápidos cálculos sobre las ganancias que dejaría la venta legal de marihuana en el país. Estimaron 2340 millones de dólares para 2014, es decir, un 64% más de lo registrado el año anterior. Tan solo en Colorado, el gobierno estatal esperaba recaudar 67 millones de dólares en impuestos a la marihuana, pero, ante el éxito inmediato que tuvo la legalización, las previsiones fiscales aumentaron a 130 millones de dólares.

El caso de Colorado resquebrajó la Marihuana Tax Act, una ley federal aprobada en 1937, que prohibía el consumo recreativo y permitía su uso con fines medicinales, lo que en realidad nunca ocurrió, dada la estigmatización de una droga que, décadas más tarde, fue incluida en la lista de sustancias más peligrosas, con un rango equivalente, por ejemplo, a la heroína.

Las leyes locales de despenalización y legalización de la marihuana en Estados Unidos se contradicen con la ley federal, que sigue criminalizando la producción, venta y consumo incluso con fines médicos.

Estados Unidos no es solamente el mayor país consumidor de drogas. Las produce a gran escala. La organización Drug Science reveló, en un informe publicado en 2006 y titulado "Producción de marihuana en Estados Unidos", que anualmente se cultivan en ese país unas 10.000 toneladas de cannabis con un valor de 35.800 millones de dólares. Así, la marihuana se convirtió en el cultivo más rentable en doce estados, superando incluso al maíz, el trigo y la soja. La producción actual es diez veces mayor a la que había en 1980, y la tendencia crece de mano de la despenalización. Los estados donde más marihuana se cultiva son California, Tennessee, Kentucky, Hawái, Washington, Carolina del Norte, Florida, Alabama, Virginia Occidental y Oregón.

Más allá del prohibicionismo que regía a nivel nacional, diversos estados se rebelaron con leyes locales que autorizaron, fundamentalmente, el empleo medicinal, como California, Alaska, Kansas, Nueva York, Wisconsin y Minnesota. En 2014, ya eran veintiuno los estados que habían promulgado leyes de este tipo, pero Colorado y Washington fueron los primeros en legalizar el consumo recreativo.

Este cambio de paradigma ha permitido combatir con mayor efectividad los prejuicios en contra de la marihuana que se difundieron durante mucho tiempo, basados más en razones morales que, aún hoy, siguen aduciendo los sectores más conservadores de la sociedad estadounidense, los mismos que se indignaron cuando el presidente Barack Obama declaró que el cannabis no era más peligroso que el alcohol o el tabaco. Pese a su aparente apertura, es poco probable que Obama o que cualquier candidato presidencial de Estados Unidos se anime en el corto plazo a incluir la despenalización y legalización de la marihuana en sus plataformas electorales.

En pocas palabras

La despenalización de la marihuana está avanzando en Estados Unidos, un país que ya está en condiciones de producir cannabis suficiente como para autoabastecerse.

41. Uruguay rompe el molde

El 10 de diciembre de 2013, Uruguay hizo historia al convertirse en el primer país del mundo en legalizar la producción, venta y consumo de marihuana. Las críticas de otros países y de organismos internacionales no amilanaron al presidente José Mujica, quien se puso al frente de una campaña en la que instó al resto de los gobiernos a reconocer el fracaso de las políticas prohibicionistas y a pensar en nuevas opciones para combatir al narcotráfico, ahora sí, de manera efectiva.

Miles de uruguayos celebraron de una manera especial el Día Internacional de los Derechos Humanos de 2013. Ese martes, a las diez y cuarenta de la mañana, comenzó en el Senado una sesión inédita, con trascendencia internacional. Los treinta legisladores iban a discutir si aprobaban o no la ley para legalizar la marihuana, algo que no había sido posible discutir en ningún otro parlamento nacional.

El nerviosismo se traslucía en el agitado ir y venir de los senadores y de los activistas que llegaron temprano para ocupar sus lugares en las bancas destinadas al público. Los empleados del Senado reconocían que la situación era insólita. "Nunca viene nadie", decía la joven del gabinete de prensa, que había tenido que tramitar sesenta acreditaciones de periodistas extranjeros, todo un récord para un país tan pequeño en tamaño y población, pero que ese día estaba en la mira del resto del mundo.

Unos meses antes, el 31 de julio, la Cámara de Diputados ya había aprobado, con cincuenta votos a favor, la iniciativa presentada por el gobierno de José Mujica, así que solo faltaba la decisión del Senado para completar el trámite parlamentario. La presión de la opinión pública era tal que no se podía apostar todavía por ningún resultado. El oficialismo tenía la mayoría justa, dieciséis votos. Si uno solo de sus legisladores se arrepentía, la ley no pasaba.

Varios opositores advirtieron, antes de entrar al recinto, que, si ganaban la presidencia en las elecciones de 2014, derogarían la ley. Ya estaban echando abajo una iniciativa que todavía ni se

Los clubes cannábicos de Uruguay deberán identificarse como tales y podrán tener entre quince y cuarenta y cinco socios. Dispondrán de hasta noventa y nueve plantas y cada socio tendrá acceso a un máximo de 480 gramos anuales.

aprobaba y que ni siquiera había entrado en vigor como para demostrar su éxito o fracaso. El debate llevaba meses en los medios de comunicación, que explicaron los argumentos a favor y en contra, mientras el gobierno intensificaba las campañas de prevención para demostrar que no se trataba de promover el consumo de drogas sino de regularlo, de quitarles el negocio a los narcotraficantes y de terminar con "el mito" de que la marihuana es la puerta de entraba a otras sustancias más peligrosas.

"Esta ley es resultado del fracaso de la guerra contra las drogas", afirmó el senador oficialista Roberto Conde, al iniciar el debate con un discurso que duró una hora y media, y en el que presentó y defendió el proyecto del gobierno al explicar que la marihuana "es la droga ilegal de mayor consumo, fundamentalmente entre los más jóvenes, tiene hoy una bajísima percepción de riesgo y es fácil de conseguir; por tanto el problema del consumo no se genera a partir de la regulación". Garantizó que la iniciativa formaba parte de "una política decidida frente al crimen organizado", que permitiría pasar de medidas de persecución a un control efectivo de la producción, venta y consumo.

El debate osciló entre las críticas de la oposición, que denostó el "experimento social" que se pretendía hacer en Uruguay, y los halagos de la bancada oficialista, que presumía de las "políticas innovadoras" del gobierno. Los treinta legisladores querían hablar. Después de más de siete horas, únicamente habían expuesto nueve senadores, la mayoría opositores que anticiparon su voto en contra y denunciaron que solo se incentivaría el consumo de marihuana. También aseguraron que la propuesta formaba parte de una conspiración internacional para usar a Uruguay como "laboratorio" y a sus ciudadanos, como "ratas". El conservador Pedro Bordaberry denunció, incluso, que detrás de la legalización estaba el millonario George Soros, que quería hacerle daño a "un país chico". Luis Heber consideró que "legalizar las drogas porque la guerra contra las drogas ha fracasado sería igual que legalizar las violaciones o las rapiñas porque siguen ocurrien-

¿Sabías que... el gramo de marihuana legal costará 1 dólar en Uruguay?

do". Por el contrario, la oficialista Constanza Moreira explicó que era "un día histórico", ya que muchos países de América Latina iban a tomar a Uruguay como ejemplo para resolver el tráfico de marihuana. Al final, se esperaba que la senadora y primera dama, Lucía Topolansky, respondiera las críticas y hasta insultos lanzados en contra de su marido, el presidente Mujica. "Mi compañero de ruta se defiende solo", se limitó a aclarar antes de apoyar la legalización.

Pasadas las once de la noche, después de casi trece horas de debate, con dieciséis votos a favor y trece en contra se aprobó una ley única a nivel mundial, que prevé la inscripción de consumidores en el Instituto de Regulación y Control de Cannabis (IRCC), un nuevo organismo público que otorgará licencias de plantación de marihuana, fiscalizará a los usuarios y sancionará a quienes incumplan las leyes. Dentro de sus cuarenta y cuatro artículos, la legislación permite la compra de hasta 40 gramos mensuales de marihuana en farmacias, y aunque los consumidores deben registrarse previamente ante el IRCC, su identidad se mantendrá en reserva. Por otra parte, autoriza y regula el autocultivo personal de hasta seis plantas de cannabis por hogar, así como una pro-

> Después de la legalización, el IRCC recibió veintidós solicitudes de compañías nacionales y extranjeras para cultivar la marihuana que se puede vender en farmacias, lo que demostró el interés comercial despertado por la aprobación de la ley y la disposición de los empresarios a participar en el novedoso negocio.

ducción colectiva de la droga en clubes de membresía integrados por un mínimo de quince y un máximo de cuarenta y cinco socios; prevé la producción para fines de investigación científica y de uso medicinal, y permite la producción del cannabis no psicoactivo conocido como *cáñamo industrial*, pero prohíbe que se fume marihuana en espacios públicos cerrados y que se publicite.

Las críticas no tardaron. Raymond Jans, director de la JIFE, le dijo a la agencia EFE que, con la legalización, Uruguay aplicaba "un

El presidente de Uruguay, José Mujica, impulsó la legalización de la marihuana con argumentos pragmáticos y críticas a la fracasada guerra contra las drogas: "La marihuana es una plaga como el tabaco. Y ninguna adicción, salvo la del amor, es recomendable, pero están ahí y hay que enfrentarlas", dijo a principios de 2013. "Lo importante es robarle el tema al narcotráfico como forma de combatir [...] si no nos gana la guerra [...]. Lo que tengo claro es que cien años persiguiendo la drogadicción no soluciona el problema". Siempre insistió en que el objetivo principal de la ley era combatir el narcotráfico, quitarles el negocio a los traficantes, no promover el consumo (*El Observador*, 2013). "Hay que tener un poco de coraje y un poco de audacia, buscar caminos nuevos", propuso. Y lo logró (*El País*, 2013c).

tipo de visión propia de piratas [...]; esperamos que las altas autoridades de Uruguay entiendan que esto es un error, que no es el camino correcto para tratar con asuntos relacionados con el control de drogas" (*El País*, 2013a). Más diplomática, la Oficina de las Naciones Unidas contra la Droga y el Delito calificó la ley como "desafortunada" (*El País*, 2013b).

En pocas palabras

Uruguay fue el primer país del mundo que terminó con la prohibición absoluta de drogas al legalizar la producción, venta y consumo de marihuana.

Cronología

Antigüedad

Griegos y romanos popularizan el consumo de bebidas alcohólicas. En Asia se producen y consumen cannabis y opio, y en América, hoja de coca y tabaco. Durante siglos, estas drogas serán utilizadas con fines religiosos, medicinales o recreativos.

Siglo X

La médica y santa Hildegard von Bingen promueve en Alemania el uso del cáñamo para resolver problemas del estómago y heridas.

Siglo XV

El papa Inocencio VIII prohíbe el consumo de la planta de cannabis al asegurar que es un "sacramento impío".

Siglo XVI

El alquimista y médico suizo Paracelso populariza el láudano, una mezcla de opio, vino blanco y especias, que se convierte en uno de los remedios más importantes de la época.

Siglo XIX

1816

El farmacéutico alemán Friedrich Sertürner aísla el principal alcaloide del opio, que tiene poderosos efectos narcóticos y analgésicos. Lo llama "morfina", en honor a Morfeo, el dios griego de los sueños.

1839

Comienza la primera Guerra del Opio, que el Reino Unido le ganará a China cinco años después.

1856

Se inicia la segunda Guerra del Opio, que el Reino Unido vuelve a ganar.

1859

El médico italiano Paolo Mantegazza promueve el consumo de coca en sus artículos "Sobre las virtudes higiénicas y medicinales de la coca y la nutrición nerviosa en general" y "Sobre la introducción en Europa de la coca, un nuevo alimento nervioso". El químico alemán Albert Nieman logra aislar la cocaína de la planta de coca.

1874

El químico inglés Charles Adler Wright aísla un nuevo opiáceo derivado de la morfina: la diacetilmorfina, que se populariza con el nombre de "heroína".

1884

El médico austríaco Sigmund Freud recomienda el consumo habitual de la cocaína para curar la depresión y la impotencia sexual.

1890

El Parlamento británico declara que el tráfico de opio es "moralmente injustificable".

Siglo XX

1900

China padece la epidemia del opio, con millones de adictos.

1909

Se reúne en Shanghái la Comisión Internacional del Opio, que será el histórico primer encuentro en materia de estupefacientes realizado en el mundo.

1912

Estados Unidos aprueba la Ley Harrison, que termina con la venta libre de opio y cocaína. Se realiza en La Haya la Primera Conferencia Internacional sobre Opio. Se firma el primer tratado internacional sobre drogas.

1919

Los compromisos de la Conferencia Internacional sobre Opio de 1912 son incorporados al Tratado de Versalles, que pone fin a la Primera Guerra Mundial.

1920

Estados Unidos aprueba la Ley Nacional de Prohibición, que veda la fabricación, transporte y venta de bebidas alcohólicas en todo el país. Es la llamada "Ley Seca".

1930

Estados Unidos crea el Federal Bureau of Narcotics (Departamento federal de narcóticos), que penaliza el transporte, la posesión y el consumo de marihuana.

1931

Se realiza en Ginebra la Convención para Limitar la Fabricación y Reglamentar la Distribución de Drogas Estupefacientes.

1933

Estados Unidos asume el fracaso de la Ley Seca y deroga las

políticas prohibicionistas. Las bebidas alcohólicas se transforman en una poderosa y millonaria industria legal.

1936

Se realiza en Ginebra la Convención para la Supresión del Tráfico Ilícito de Drogas.

1937

Estados Unidos aprueba la Marihuana Tax Act, que fija impuestos a productores de cáñamo.

1943

El químico suizo Albert Hoffman sintetiza la dietilamida de ácido lisérgico, el famoso LSD o ácido, que se popularizará dos décadas más tarde.

1960

El farmacéutico estadounidense Gary Henderson bautiza "drogas de diseño" a los estupefacientes que se fabrican en laboratorios clandestinos a partir de diferentes precursores químicos.

1960-1969

El movimiento *hippie* se expande en Estados Unidos y promueve el consumo de la marihuana y del LSD como experiencias liberadoras de la conciencia. En Vietnam, los soldados se vuelven adictos a la morfina y a la heroína.

1961

Se firma en Nueva York la Convención Única sobre Estupefacientes, que regirá el combate internacional a las drogas.

1968

Nace la Junta Internacional de Fiscalización de Estupefacientes (JIFE), órgano encargado de controlar el seguimiento de los tratados internacionales en materia de drogas.

1971

El presidente de Estados Unidos, Richard Nixon, declara la guerra contra las drogas.
Se firma el Convenio sobre Sustancias Sicotrópicas de 1971, que promueve el control de las drogas, en su mayoría sintéticas, como las anfetaminas, el LSD y el éxtasis.

1973

El presidente de Estados Unidos, Richard Nixon, crea la DEA.

1975

La narcotraficante colombiana Griselda Blanco se convierte en la Reina de la Cocaína en Estados Unidos, donde trafica toneladas de esta droga.

1976

El químico estadounidense Alexander Shulgin experimenta y populariza la droga sintética metilendioximetanfetamina, más conocida como "éxtasis".

1980-1989

El movimiento *rave*, basado en fiestas multitudinarias de música electrónica en las que se consumen principalmente drogas de diseño, se expande en Inglaterra y en Estados Unidos. Nacen los primeros cárteles de drogas en México.

1985

Colombia ya exporta el 80% de la cocaína que consume Estados Unidos.

Estalla el escándalo del "Irangate", a través del cual Estados Unidos le vende armas de manera clandestina a Irán para financiar a la Contra nicaragüense. La CIA es acusada de negociar con narcotraficantes para que lleven armas a Centroamérica en aviones que vuelven cargados con drogas.

1986

El presidente de Estados Unidos, Ronald Reagan, advierte que las drogas representan una amenaza para la seguridad nacional. Estados Unidos incrementa la asistencia y el intervencionismo militar y policial en América Latina.

1988

Se firma en Viena la Convención contra el Tráfico Ilícito de Estupefacientes y Sustancias Sicotrópicas.

1993

Muere acribillado Pablo Escobar, el narcotraficante más importante de la historia colombiana y líder del cártel de Medellín.

1996

Se comprueba que en la campaña presidencial de Ernesto Samper, en Colombia, se utilizaron fondos del narcotráfico.

1997

El líder del mexicano cártel de Juárez, Amado Carrillo Fuentes, muere después de someterse a una cirugía estética.

1998

La ONU realiza en Nueva York una Sesión Especial sobre Drogas, promovida por México.

Siglo XXI

2000

Estalla en Perú el escándalo que vincula al principal asesor del presidente Alberto Fujimori, Vladimiro Montesinos, con el narcotráfico.

2005

El presidente de Venezuela, Hugo Chávez, expulsa a la DEA.

2006

El presidente de México, Felipe Calderón, comienza una guerra contra el narcotráfico que seis años más tarde dejará un saldo de cientos de miles de muertos y desaparecidos.

2007

Khun Sa, el Rey del Opio, muere en Birmania viejo, libre y millonario.

2009

El presidente de Bolivia, Evo Morales, expulsa a la DEA.

2013

Bolivia vuelve a adherirse a la Convención Única sobre Estupefacientes, pero logra preservar su derecho a utilizar la hoja de coca como patrimonio cultural.

Uruguay se convierte en el primer país del mundo en legalizar la producción, consumo y venta de cannabis.
El Centro Nacional de Memoria Histórica revela que el conflicto armado de Colombia, que está vinculado al narcotráfico, dejó un saldo de 218.094 muertos y 5.700.000 desplazados, entre 1958 y 2012.

2014

Colorado se convierte en el primer estado de Estados Unidos en el que se puede comprar marihuana de manera legal con fines recreativos, no médicos.
La policía mexicana detiene a Joaquín Guzmán Loera, más conocido como "el Chapo", líder del cártel de Sinaloa.
La Comisión Global de Drogas, formada por ex presidentes de América Latina y personalidades de todo el mundo, propone la despenalización del consumo y posesión de drogas, y una regulación responsable.

2016

Se realizará una cumbre mundial sobre políticas de drogas en Nueva York, que enfrentará a quienes quieren mantener las políticas prohibicionistas y quienes pretenden reformarlas para adecuarlas a la realidad.

Bibliografía

AA. VV. (1912): "Convención Internacional del Opio", La Haya, 23 de enero. Disponible en línea: <www.judicatura.com>.

AA. VV. (1931): "Convención Internacional sobre Fabricación y Reglamentación de la Distribución de Estupefacientes", Ginebra, 13 de julio. Disponible en línea: <www.pnsd.msc.es>.

AA. VV. (1936): "Convenio para la Supresión del Tráfico Ilícito de Drogas Nocivas", Ginebra, 26 de junio. Disponible en línea: <www.oas.org>.

AA. VV. (2013): *Entre las cenizas. Historias de vida en tiempos de muerte*, México, Red de Periodistas de a Pie. Disponible en línea: <www.entrelascenizas.periodistasdeapie.org.mx>.

Aguirre, Osvaldo (2008): *La conexión latina. De la mafia corsa a la ruta argentina de la heroína*, Buenos Aires, Tusquets.

Annan, Kofi A. (2014): "West Africa's Misguided War on Drugs", *Project-syndicate*, 8 de julio. Disponible en línea: <www.project-syndicate.org>.

Astorga, Luis (1997): *Los corridos de traficantes de drogas en México y Colombia*, México, Instituto de Investigaciones Sociales, UNAM. Disponible en línea: <biblioteca.clacso.edu.ar>.

— (2005): *El siglo de las drogas. El narcotráfico, del Porfiriato al nuevo milenio*, México, Plaza y Janés.

Beith, Malcolm (2014): *Chapo. El último narco*, México, Ediciones B.

Bosch, Lolita y Vélez Salas, Alejandro (coords.) (2012): *Tú y yo coincidimos en la noche terrible*, México, Nuestra Aparente Rendición.

Calderón de la Rosa, Mario Antonio (2001): *Tres modelos estilísticos y estructurales en el génesis y evolución del corrido mexicano*, Anteproyecto de tesis, Universidad de Guadalajara, Centro Universitario de Ciencias Sociales y Humanidades, Departamento de Letras, México. Disponible en línea: <es.wikibooks.org>.

Calvi, Fabricio (2004): *El misterio de la mafia. La organización al descubierto*, Barcelona, Gedisa.

Colectivo de Estudios Drogas y Derecho (2014): *En busca de los derechos: usuarios de drogas y las respuestas estatales en América Latina*, México.

Comisión Global de Políticas de Drogas (2011): "Guerra a las drogas. Informe de la Comisión Global de Políticas de Drogas", junio. Disponible en línea: <www.globalcommissionondrugs.org>.

Comisión Latinoamericana sobre Drogas y Democracia (2009): "Drogas y democracia: hacia un cambio de paradigma". Disponible en línea: <www.drug-lawreform>.

Corchado, Alfredo y Tovar Cross, Juan (2013): *Medianoche en México. El descenso de un periodista a las tinieblas de su país*, México, Debate.

De Mauleón, Héctor (2010): *Marca de sangre. Los años de la delincuencia organizada*, México, Planeta.

Delfino, Emilia y Alegre, Rodrigo (2011): *La ejecución. La historia secreta del triple crimen que desnudó la conexión con la mafia de los medicamentos y la recaudación de la campaña K*, Buenos Aires, Sudamericana.

Diario *El Observador* (2013): "Mujica y la marihuana: 'Ninguna adicción, salvo la del amor, es recomendable'", *El Observador* (Uruguay), 31 de mayo.

Diario *El País* (2013a): "La legalización de la marihuana en Uruguay es una actitud de 'piratas'", *El País* (Uruguay), 12 de diciembre.

— (2013b): "Furiosa reacción de Mujica a la ONU: 'Que ese viejo no mienta'", *El País* (Uruguay), 13 de diciembre.

— (2013c): "'Totalmente preparados no estamos', dijo Mujica sobre la marihuana", *El País* (Uruguay), 10 de diciembre.

Diario *La Jornada* (2014): "Largas filas en Colorado para adquirir mariguana en forma legal", *La Jornada* (México), 1º de enero.

Diario *Vanguardia* (2012): "Movimiento Alterado, más allá del narcocorrido", *Vanguardia* (México), 22 de diciembre.

Federico, Mauro (2011): *País narco. Tráfico de drogas en Argentina: del tránsito a la producción propia*, Buenos Aires, Sudamericana.

— (2013): *Mi sangre. Historias de narcos, espías y sicarios*, Buenos Aires, Libros de Cerca.

García Díaz, Jaime A. y Antesana Rivera, Jaime (2010): *Estudio comparativo de la lucha antidroga en Perú y Colombia: la situación de la coca y la cocaína*, Lima, Pontificia Universidad Católica de Perú.

Gayraud, Jean François (2007): *El G-9 de las mafias en el mundo. Geopolítica del crimen organizado*, Barcelona, Tendencias.

Gómez, María Idalia y Fritz, Darío (2005): *Con la muerte en el bolsillo. Seis desaforadas historias del narcotráfico en México*, México, Planeta.

González, Cecilia (2013): *Narcosur. La sombra del narcotráfico mexicano en Argentina*, Buenos Aires, Marea.

Grupo de Memoria Histórica (2013): *¡Basta ya! Colombia: memorias de guerra y dignidad*, Bogotá, Imprenta Nacional. Disponible en línea: <www.centrodememoriahistorica.gov.co>.

Guarnizo, José (2014): *La Patrona de Pablo Escobar. Vida y muerte de Griselda Blanco, la viuda negra, la mujer que lo formó*, Buenos Aires, Planeta.

Guavito Ángel, Luisa Fernanda (2012): *Narcotráfico y su impac-*

to en la economía institucional, Bogotá, Universidad Colegio Mayor de Cundinamarca.

Hernández, Anabel (2010): *Los señores del narco*, México, Grijalbo.

Junta Internacional de Fiscalización de Estupefacientes (JIFE) (2010): "Informe anual de la Junta Internacional de Fiscalización de Estupefacientes", Viena, Naciones Unidas. Disponible en línea: <www.incb.org>.

— (2011): "Informe anual de la Junta Internacional de Fiscalización de Estupefacientes", Viena, Naciones Unidas. Disponible en línea: <www.incb.org>.

— (2012): "Informe anual de la Junta Internacional de Fiscalización de Estupefacientes", Viena, Naciones Unidas. Disponible en línea: <www.incb.org>.

— (2013): "Informe anual de la Junta Internacional de Fiscalización de Estupefacientes", Viena, Naciones Unidas. Disponible en línea: <www.incb.org>.

— (2014): "Informe anual de la Junta Internacional de Fiscalización de Estupefacientes", Viena, Naciones Unidas. Disponible en línea: <www.incb.org>.

King Fairbank, John (1996): *China: una nueva historia*, Santiago de Chile, Andrés Bello.

Klipphan, Andrés (2010): *Remedios que matan. La mafia de los medicamentos*, Buenos Aires, Aguilar.

Labrousse, Alain (2011): *Geopolítica de las drogas*, Buenos Aires, Marea.

Lejtman, Román (1993): *Narcogate. Historia inédita de las relaciones de la familia del Presidente y sus amigos con el lavado de dólares*, Buenos Aires, Sudamericana.

Levy, Ayda (2012): *El Rey de la Cocaína. Mi vida con Roberto Suárez Gómez y el nacimiento del primer narcoestado*, Buenos Aires, Debate.

López Echagüe, Hernán (1996): *El Otro. Una biografía política de Eduardo Duhalde*, Buenos Aires, Planeta.

— (2010): *El regreso del Otro. La reaparición de Eduardo Duhalde en la pelea política argentina*, Buenos Aires, Planeta.

Martínez Ruiz, Mario; Aguilar Ros, Antonio y Rubio Valladolid, Gabriel (2002): *Manual de drogodependencias para enfermería*, Madrid, Díaz de Santos.

Messi, Virginia y Bordón, Juan Manuel (2014): *Narcolandia. Por qué Argentina se convirtió en el paraíso de los traficantes colombianos*, Buenos Aires, Sudamericana.

México, Secretaría de Salud (1998): "Diagnóstico y tendencias del uso de drogas en México", México.

— (2011): "Encuesta nacional de adicciones. Drogas ilícitas", México.

Naciones Unidas (1972): "Convención Única de 1961 sobre Estupefacientes, enmendada por el Protocolo de 1972 de Modificación de la Convención Única de 1961 sobre Estupefacientes",

Nueva York. Disponible en línea: <www.incb.org>.

Observatorio Europeo de las Drogas y las Toxicomanías (2013): "Informe Europeo sobre Drogas. Tendencias y novedades", Luxemburgo, Oficina de Publicaciones de la Unión Europea. Disponible en línea: <www.emcdda.europa.eu>.

Oficina de las Naciones Unidas contra la Droga y el Delito (UNODC) (2008): "Informe mundial des drogas", Viena, Naciones Unidas. Disponible en línea: <www.unodc.org>.

— (2009): "Boletín de estupefacientes. Un siglo de fiscalización internacional de drogas", Viena, Naciones Unidas. Disponible en línea: <www.unodc.org>.

— (2009): "Informe mundial de drogas", Viena, Naciones Unidas. Disponible en línea: <www.unodc.org>.

— (2010): "Informe mundial de drogas", Viena, Naciones Unidas. Disponible en línea: <www.unodc.org>.

— (2011): "Informe mundial de drogas", Viena, Naciones Unidas. Disponible en línea: <www.unodc.org>.

— (2012): "Informe mundial de drogas", Viena, Naciones Unidas. Disponible en línea: <www.unodc.org>.

— (2013): "Informe mundial de drogas", Viena, Naciones Unidas. Disponible en línea: <www.unodc.org>.

— (2013-2014): "Transnational organized crime in West Africa: a threat assessment", Viena, Naciones Unidas. Disponible en línea: <www.unodc.org>.

— (2014): "Informe mundial de drogas", Viena, Naciones Unidas. Disponible en línea: <www.unodc.org>.

Oppenheimer, Andrés (2001): *Ojos vendados. Estados Unidos y el negocio de la corrupción en América Latina*, Buenos Aires, Sudamericana.

Organización de los Estados Americanos (OEA) (2011): "El problema de drogas en las Américas. La economía del narcotráfico", Washington, DC. Disponible en línea: <www.cicad.oas.org>.

Osorno, Diego Enrique (2010): *El cártel de Sinaloa. Una historia del uso político del narco*, México, Grijalbo.

— (2012): *La Guerra de los Zetas. Viaje por la frontera de la necropolítica*, México, Grijalbo.

Pasquini, Gabriel y De Miguel, Eduardo (1995): *Blanca y radiante. Mafia, poder y narcotráfico en Argentina*, Buenos Aires, Planeta.

Pontón C., Daniel (2013): "La economía del narcotráfico y su dinámica en América Latina", *Íconos. Revista de Ciencias Sociales*, Quito, FLACSO-Ecuador, n° 47, septiembre, pp. 135-153. Disponible en línea: <www.academia.edu>.

Programa Antidrogas Ilícitas en la Comunidad Andina (PRADICAN) (2012): "II Estudio epidemiológico andino sobre consumo de drogas en la población universitaria. Informe regional", Lima, Comunidad Andina. Disponible en línea: <www.cicad.oas.org>.

Ramírez Muro, Verónica (2008): *Coca express. La historia real de un correo internacional de la droga*, Barcelona, Sturia.

Ravelo, Ricardo (2005): *Los capos. Las narco-rutas de México*, México, Plaza y Janés.

Respighi, Emanuel (2014): "Omar Rincón analiza el fenómeno de las 'narconovelas': 'Se miran para escandalizarse, pero también para reconocerse'", *Página/12*, 23 de marzo. Disponible en línea: <www.pagina12.com.ar>.

Reveles, José (2009): *El cártel incómodo. El fin de los Beltrán Leyva y la hegemonía del Chapo Guzmán*, México, Grijalbo.

Rico, Daniel M. (2013): *La dimensión internacional del crimen organizado en Colombia: las bacrim, sus rutas y refugios*, Washington, DC, Wilson Center, abril. Disponible en línea: <www.wilsoncenter.org>.

Robles, Gustavo; Calderón, Gabriela y Magaloni, Beatriz (2013): *Las consecuencias económicas de la violencia del narcotráfico en México*, Washington, DC, BID, noviembre. Disponible en línea: <www.publications.iadb.org>.

Rocha García, Ricardo (2011): *Las nuevas dimensiones del narcotráfico en Colombia*, Viena-Bogotá, Oficina de las Naciones Unidas contra la Droga y el Delito (UNODC) - Ministerio de Justicia y el Derecho de Colombia.

Rodríguez, Cynthia (2009): *Contacto en Italia. El pacto entre los Zetas y la 'Ndrangheta*, México, Debate.

Rodríguez Castañeda, Rafael (coord.) (2011): *Los rostros del narco*, México, Planeta (Temas de Hoy).

Rodríguez-Giuliani, Herminio (1999): *ABC de las drogas de diseño*, Bayamán, Centro de Transferencia de Tecnología en Adicción, Universidad Central del Caribe, Escuela de Medicina. Disponible en línea: <www.attcnetwork.org>.

Salazar, J. Alonso (2012): *La parábola de Pablo. Auge y caída de un gran capo del narcotráfico*, Buenos Aires, Planeta.

Salinas, Juan (2006): *Narcos, banqueros & criminales. Armas, drogas y política a partir del Irangate*, Buenos Aires, Punto de Encuentro.

Saviano, Roberto (2014): *CeroCeroCero. Cómo la cocaína gobierna el mundo*, Barcelona, Anagrama.

Scherer García, Julio (2014): "De 'El Chapo' a Zulema: 'Cuando yo me vaya...'", *Proceso*, México, 22 de febrero.

Tokatlián, Juan Gabriel (comp.) (2009): *La guerra contra las drogas en el mundo andino. Hacia un cambio de paradigma*, Buenos Aires, Libros del Zorzal.

Transform Drug Policy Foundation y México Unido contra la Delincuencia (2013): "Terminando la guerra contra las drogas: cómo ganar el debate en América Latina". Disponible en línea: <www.tdpf.org.uk>.

Turati, Marcela (2011): *Fuego cruzado. Las víctimas atrapadas en la guerra del narco*, México, Grijalbo.

Valdez Cárdenas, Javier (2014): *Con una granada en la boca. Heridas de la guerra del narcotráfico en México*, México, Aguilar.

Youngers, Coleta A. y Rosin, Eileen (eds.) (2005): *Drogas y democracia en América Latina. El impacto de la política de Estados Unidos*, Washington, DC-Buenos Aires, Oficina en Washington para Asuntos Latinoamericanos (WOLA)-Biblos.

Sitios web consultados de instituciones y organizaciones no gubernamentales

Comisión Global de Políticas de Drogas, <www.globalcommissionondrugs.org>.

Drug Policy Alliance, <www.drugpolicy.org>.

Human Rights Watch, <www.hrw.org>.

InSight Crime. Crimen Organizado en las Américas, <es.insightcrime.org>.

Junta Internacional de Fiscalización de Estupefacientes (JIFE), <www.incb.org>.

Naciones Unidas (ONU), <www.un.org>.

Observatorio de Drogas de Colombia, <www.odc.gov.co>.

Oficina de las Naciones Unidas contra la Droga y el Delito (UNODC), <www.unodc.org>.

Transnational Institute, <www.tni.org>.

West African Commission on Drugs, <www.wacommissionondrugs.org>.